Mittlerer Weg modern

oder

Die Zaubertüte der alternativen Philosophie und Konfliktlösung

von Hans J. Unsoeld

Berlin 2017

Meinen Freundinnen und Freunden gewidmet

Drei Teile und folgende Kapitel

Janus modern
Schwankender Boden
Politische Konflikte verhindern
Ideologische Extrempositionen
Geist gegen Natur?
Wachstum und Entwicklung
Heuristik und Tabubrüche
Fraktomatik
Fraktale Mathematik als Disziplin
Basis in Mengen- und Zahltheorie
Vereinfachtes Weltbild
ARS UNA
Immer wieder Janus
Immer wieder Kant?
Genesis der Fraktomatik
Dummes Raben-Gekrächze

Quo vadis modern
Überflüssige Erkenntnisse?
Der Weg
Mensch und Tier
Entscheidungen im Nahbereich
Jenseits des Dualen
Gemeinsam vorgehen
Individuelle Lösungen
Akzeptanzerweigerung

Ressourcen
Verfolgung
Alternative Philosophie

Civis modern
Ein Civis ist kein Zivi
Bürger und Nomaden
Grenzen
Evolution und Kultur
Identitätsbildung
Fragen und Antworten
Konzept modern
Kranke Gesellschaft
Nomadenleben macht Sinn
Fazit
Textverweise
Copyright und Impressum

Janus modern

Schwankender Boden

Die Welt scheint uns immer komplizierter, immer komplexer zu werden. Gern würden wir unser Bild von ihr vereinfachen, sowohl in unserem eigenen Leben wie auch bei der immer schwieriger erscheinenden wissenschaftlichen Erfassung der Welt. Hat aber nicht in unserem Leben wie auch in der Natur vieles "seine zwei Seiten" (1), ist also nicht einfach? Ist das nur eine Redensart, über welche man hinweggehen kann, ohne nachzufragen, um was es dabei geht,- nur ein antiquiertes Thema vergangener Philosophie, unserer fragwürdigen Suche nach möglichst leicht fassbarer Weisheit oder einer relativ einfachen Basis, einer „Weltformel"? Oder sollte man dem wieder mit größerem Nachdruck auf den Grund gehen? Wollen wir etwa mögliche Konsequenzen nicht zur Kenntnis nehmen, weil sie uns zu schwerwiegend vorkommen?

Dass menschliche Wahrnehmungen und Folgerungen aus Bereichen jenseits der Grenzen des uns bislang Zugänglichen nicht eindeutig und eventuell sogar in uns scheinbar wohlbekannten Bereichen ebenfalls nicht allgemeingültig sein mögen, kann Paradigmenwechsel (2) beinhalten, die Autorität bedrohen und Fundamentalismus von vorne herein infrage stellen können. Umgekehrt ist es aber auch kein Geheimnis, dass die Mehrzahl der Menschen weder Autorität noch Fundamentalismus sonderlich liebt. Ob ihnen eine

Antwort weiter helfen kann?
Dabei geht es nicht nur um die Richtigkeit und Wichtigkeit der Behauptung, dass vieles und zwar mehr, als wir bisher gedacht haben, besagte zwei Seiten habe, sondern auch um die Art und Weise, wie diese gestellt und bekannt gemacht werden kann. Es gibt genügend Beispiele in der menschlichen Geschichte, dass Paradigmenwechsel grimmig bekämpft und lange Zeit unterdrückt worden sind und obendrein ihren Urhebern größte Schwierigkeiten und lebensgefährliche Bedrohung gebracht haben, weil sie traditionellen Interessen zuwider laufen. Was tun? Den Mund halten, sich in die schweigende Mehrheit zurückziehen?

Politische Konflikte verhindern

Konflikte an ihrer Wurzel anzupacken war immer eine Aufgabe der Philosophie, und Konfliktforschung (3) hat bereits Tradition. Doch ihre Werkzeuge sind stumpf geworden, ausgehebelt von verschiedenen Seiten.
In unserer Welt nimmt die Zahl und Intensität von Konflikten infolge der stark steigenden Bevölkerungsdichte und der bedrohlichen Waffentechnik in Besorgnis erregender Weise zu. Kann in dieser Situation einer verbesserten Philosophie wieder zunehmende Bedeutung zukommen? Konflikte entstehen zwar vordergründig durch unterschiedliche Interessen, welche überall und immer vorkommen werden. Doch ihre eigentlichen Ursachen scheinen oft unzugänglich zu sein, so dass es immer wieder um Lösungen schlecht steht.
Im privaten Rahmen ist es zumindest in modernen Gesellschaften mehr und mehr üblich,

dass die Anwendung von Gewalt geächtet wird. Auffällig oft treten aber gewalttätige Konflikte dennoch auf, wo ein ideologischer Hintergrund gegeben ist. Dies wird in der meist auf den öffentlichen Bereich bezogenen Konfliktforschung oft nur zweitrangig berücksichtigt. Religiöse Überzeugungen und finanzielle Motive spielen beide im privaten Bereich eine wichtige Rolle, ohne dass die Bedeutung von als krankhaft anzusehenden psychischen Einflüssen negiert werden soll. Die ersteren beiden lassen sich jedoch auf Ideologisierungen zurückführen, sowohl generell in institutionalisierten Religionen als auch in wirtschaftlichen Grundüberzeugungen, vor allem kapitalistischer oder kommunistischer Art.

Im öffentlichen Rahmen moderner Gesellschaften ist diese Tendenz noch viel deutlicher. Das gibt der bereits früher geäußerten Ansicht Nachdruck, dass das im betreffenden Bereich vorherrschende <u>Privatleben und das politische Leben weitgehend Spiegelbilder</u> (4) zueinander sind. Das Privatleben sollte daher bei der Konfliktforschung im politischen Leben nicht ausgespart werden. Vom Privatleben kann möglicherweise ein wichtiger Aspekt religiöser Ideologisierungen und wirtschaftlicher Extrempositionen im öffentlichen Bereich kommen. Umgekehrt wird auch das Privatleben vom öffentlichen Leben beeinflusst. Diese sicher nicht getrennten Erscheinungen lassen sich als **spiegelbildliche ideologische Extrempositionen** zusammenfassen.

Krankhafte psychische Einflüsse können zwar im politischen Bereich ebenfalls eine nicht zu unterschätzende Rolle spielen, etwa in Diktaturen in Form von Größenwahn oder infolge direkter

Erkrankung wie zum Beispiel durch Parkinson bei Hitler. Hier soll jedoch nur am Rande bemerkt werden, dass medizinische Kontroll-Untersuchungen aller führenden Politiker durch öffentlich bestellte und zur Rechenschaft verpflichtete Ärzte genauso wie für Piloten zwingend sein müssten, wie zum Beispiel der absichtlich herbeigeführte Absturz eines deutschen Flugzeugs in Frankreich im Jahre 2015 gezeigt hat.

Ein Nachlassen der Gewalt, wie von Steven Pinker noch 2011 angenommen (5), und damit eine Linderung des Konfliktpotentials kann etwa angesichts der grausamen Folter des Assad-Regimes (6) kaum noch behauptet werden. Dass die gesellschaftliche Ungleichheit als wesentliche Konfliktursache, wie insbesondere von Thomas Piketty konstatiert (7), nur durch Einschränkungen im Kapitalismus gelöst werden könne, bleibt ebenfalls sehr vage, weil letzterer nicht als einseitige extreme Position eingestuft wird.

Die vielfach mit ausschließlicher Analytik alles vereinnahmenden Geistes- und Naturwissenschaften und die massenhafte bedenkenlose Synthese von Medien und Technik tragen gewiss erheblich zu den Problemen bei. Die Naturwissenschaften fordern wie in einer Mantra Überprüfbarkeit durch Experimente und brillieren mit den Erfolgen der Technik. Im neuen Jahrtausend scheint sich jedoch das Blatt gewendet zu haben. Trügen die Zeichen, dass die Wissenschaften zu stagnieren (8) scheinen? Zunehmend werden sie aber als nützliche Hilfe für eine modernere menschenfreundliche Philosophie erkannt. Ob daraus auch neue nützliche Beiträge zu Konfliktlösungen entstehen können?

Ideologische Extrempositionen

Die Bedeutung philosophischer Erkenntnisse (9), welche bezüglich der zugrundeliegenden Gesetze und Ideen insbesondere von Wilhelm Windelband (10) thematisiert wurde, könnte aber besonders wichtig sein bei der Beurteilung von ideologischen Extrempositionen, welche oft die Wurzel von Konflikten sind. Die Philosophie vergangener Zeiten enthielt oft unter dem Deckmantel von dogmatischen Glaubensüberzeugungen oder axiomatischen Grundannahmen ideologische Elemente (11), deren Bedeutung bei der Einflussnahme extremer Positionen verdeckt blieb. Das scheint in ähnlicher Form für den religiösen wie für den wirtschaftlichen Bereich zu gelten. Die gemeinsame Parteinahme religiöser und wirtschaftlicher Gruppierungen ist eh und je ein unübersehbares Phänomen gewesen. Wie weit dies bewusst geschah oder aber durch mangelnde Einsicht zustande kam, soll hier nicht erörtert werden.

Wichtiger erscheint klar zu benennen, wo entscheidende Punkte in fehlender Einsicht gelegen haben oder heute vielleicht auch immer noch liegen können, welche den Bereich der bislang längst nicht von allen Menschen geliebten Philosophie tangieren. In der Vergangenheit bezog diese sich in einem solchen Zusammenhang auffällig oft in *nicht ausgewogener* Form auf Basisbereiche, womit vor allem das Verhältnis von Leben und Natur gemeint ist, welches oft arg im Dunkeln blieb. Diese Trennung hat im Laufe der Zeit zu

getrennten Geistes- und Naturwissenschaften geführt, was sich insbesondere in neuerer Zeit immer mehr auch in der etablierten Philosophie widerspiegelt. Gleichermaßen betrifft das den Erfahrungsschatz, auf welchen sie zurückgreift wie auch die Methodik und die verwendete Sprache, sowohl geographisch wie auch fachlich.
Die moderne Philosophie scheint an einem Punkt angekommen zu sein, wo diese Trennung zwischen Geistes- und Naturwissenschaften dringend reduziert und überwunden werden muss. Das stößt nicht selten auf Widerstände, erfordert aber Anstrengungen von beiden Seiten und mag belohnt werden nicht nur mit neuen Einsichten in theoretische Grundlagen, sondern auch mit sehr praktischen neuen Vorschlägen zu Konfliktlösungen. Dieses zielt in zwei scheinbar verschiedene Richtungen, nämlich einerseits klarere Formulierungen von wichtigen Grundvorstellungen und andererseits einen „Ersatz" für extremistische Ideologisierungen. Die Anführungszeichen sollen deutlich machen, dass es sich nicht einfach um neue Ideologisierungen handeln darf. Klarer formuliert werden sollte, wie im folgenden Abschnitt genauer ausgeführt wird, vor allem der als grundlegend anzusehende <u>Unterschied zwischen Wachstum und Entwicklung</u> (12). Besagter „Ersatz" aber mag in Lernprozessen liegen, systematisch einen Mittelweg zwischen statischen Extrempositionen zu suchen und damit dynamischen Einstellungen und einer Bereitschaft zu Kompromissen eine viel größere Bedeutung zu geben.
Beide Ziele lassen sich, wie sich zunehmend zeigt, mit einer <u>moderneren Philosophie</u> (13) deutlich besser als bisher anpacken und müssen

vielleicht sogar zukünftig verstärkt derart angegangen und gefördert werden. Ein viel engeres Zusammengehen von geisteswissenschaftlicher und naturwissenschaftlicher Philosophie ist vor allem gemeint. Es wird zunehmend an verschiedenen Stellen deutlich, dass beide Disziplinen bei ihrem Alleingang an wahrscheinlich prinzipielle Grenzen gestoßen sind, welche sich nicht überwinden lassen, wenn versucht wird, sich weiterhin auf den jeweiligen Bereich zu beschränken. Interdisziplinäres Vorgehen dürfte auch hier in einem viel weiteren Ausmaß nötig werden, als man bisher bewusst zur Kenntnis genommen hat.
Die geisteswissenschaftliche Orientierung wird vor allem <u>im englischsprachigen Raum als humanistisch bezeichnet</u> (14), was ihren Bezug auf das menschliche Leben besonders hervorhebt. Moderne Forschung zeigt jedoch in zunehmendem Maße eine viel größere Nähe von Mensch und Tier, insbesondere höheren Tieren, als früher bewusst wahrgenommen wurde. <u>Tiere haben bereits Formen von Intelligenz, Gedächtnis und Gefühlen</u> (15), welche in vergangenen Zeiten und vielerorts auch heute noch absolut unterschätzt werden. Dieser Konflikt zwischen verschiedenen Positionen zeigt sich besonders scharf in der <u>Konfrontation zwischen streng religiösen und darwinistischen Orientierungen</u> (16). Doch zwischen Geistes- und Naturwissenschaften herrscht auch allgemein trotz zunehmender Kontakte oft noch unzureichende Zusammenarbeit.
In allen künstlerischen Disziplinen gibt es entsprechende ähnliche Konflikte. Insbesondere durch den <u>Existenzialismus wurde die</u>

Auseinandersetzung (17) auf die Spitze getrieben zwischen Anhängern einerseits von möglichst großer Authentizität in weiten Bereichen bis hin zur Führung von Hochschulen und sogar in der Politik, und andererseits von bewusstem „fake" etwa in Mode, Theater und Film oder bei Festen mit Verkleidung. Des Weiteren gab es durchaus entsprechende Auseinandersetzungen innerhalb der Extrempunkte Anarchie und Diktatur (18). In letzteren beiden Bereichen wurde ebenfalls deutlich, dass es auf mittlere Positionen und Kompromisse ankommt.

Geist gegen Natur?

Vom philosophischen Standpunkt besonders wichtig und für mögliche Problemlösungen beispielhaft dürften jedoch die tief verwurzelten Konflikte zwischen Geistes- und Naturwissenschaften (19) sein. Letztere scheinen sich nicht selten nur darin einig zu sein, dass sie gemeinsam unter dem Dach von Universitäten oder damit vergleichbaren Organisationen zusammen sein wollen. In vielen Fällen hört damit aber die Gemeinsamkeit schon auf. Die Ursachen sind schwierig einzukreisen. Während die Geisteswissenschaften immer vehementer das typisch Menschliche in den Mittelpunkt stellen, betonen die modernen Naturwissenschaften vor allen die Wichtigkeit von Konsistenz und experimenteller Überprüfbarkeit.

Die historische Erfahrung in aller entscheidender Heuristik (20) zeigt aber, dass die wichtigsten Erkenntnisse, nämlich solche, welche zu wirklichen Paradigma-Wechseln geführt haben, außerhalb von Institutionen stattgefunden haben, welche mit den heutigen Universitäten vergleichbar wären. Namen wie bereits Odysseus, Demokrit und Archimedes und später Seefahrer wie Marco Polo und Kolumbus und Ungläubige wie Leonardo da Vinci und Galileo Galilei weisen auf die Bedeutung eines abenteuerlichen Lebens hin, welches sie von ausgetretenen Pfaden entfernte. Erst in der Neuzeit scheint sich ein Trend zur Einordnung in Universitäten durchzusetzen, zum Beispiel bei Kant und Naturforschern bis hin zu Einstein. Doch auch letztere stehen dem Establishment ferner, als es auf den ersten Blick scheinen mag. Kant lebte zum Beispiel als Außenseiter im fern liegenden Königsberg und Einsteins Privatleben ist auch eher abenteuerlich und gerade in seinen kreativsten jungen Jahren nicht in den festen Rahmen einer Universität gebunden.

Der ausschließliche Bezug der Geisteswissenschaften eben auf den sogenannten geistigen Bereich und das Menschliche gerät auch immer mehr in Kontroverse. Einerseits dringen in viele Bereiche der sogenannten Geisteswissenschaften <u>mit naturwissenschaftlichen Methoden auch deren Denkweisen</u> (21) ein, insbesondere eben der bereits genannte Wunsch nach einheitlicher Konsistenz und Überprüfbarkeit. Andererseits haben nicht nur zum Beispiel durch naturwissenschaftliche Messverfahren gezeigte <u>Ähnlichkeiten der DNA</u>-Zusammensetzung (22) von Lebewesen, sondern auch <u>extreme Kriegserfahrungen</u> (23) die Einschränkung auf das Menschliche unterlaufen. Tiefe Spuren hat die Erfahrung hinterlassen, dass im Krieg zahlreiche Menschen in einer Bevölkerung <u>grausamer als Tiere</u> (24) sein können.

Eine unerwartet wichtige Rolle spielt dabei die Mathematik. Sie ist Geisteswissenschaftlern oft völlig unzugänglich oder wird gar prinzipiell abgelehnt, ist aber die Hauptbasis aller naturwissenschaftlichen Beschreibungen. Vordergründige Argumente, etwa dass Geisteswissenschaften sich vorrangig um Deutung und nicht um Beschreibung kümmern, bringen nicht weiter. Denn Deutung ist in den Naturwissenschaften ebenso wichtig wie Grundlagenforschung auch in den Geisteswissenschaften. Der wesentliche Unterschied scheint dagegen in den verwendeten Kategorien zu liegen. Frühere auf einzelne Fachbereiche bezogene Untersuchungen nahmen die <u>Mindestzahl von sieben Kategorien</u> (25) an. <u>Neuere Überlegungen</u> (26) weisen aber darauf hin, dass in den Geisteswissenschaften genauso nur vier grundlegende Kategorien notwendig sind wie in den Naturwissenschaften vier Dimensionen, weil beide sich auf Raum und Zeit beziehen.

Kategorien und Dimensionen sollten demnach eher zueinander einen dualen Charakter haben, sich also in ihrer Sichtweise ergänzen und nicht wesensfremde Eigenschaften sein. Bewusst wird hier vermieden, von Dualismus oder Dualität zu sprechen, da diese Begriffe eine uneinheitliche und oft sich überschneidende Bedeutung haben.

Die Wichtigkeit von dualen Sichtweisen zeigt sich aber nicht nur hier. Diese spielen offensichtlich nicht nur für theoretische Erörterungen, sondern auch für praktische und gesellschaftlich hochgradig bedeutsame Probleme eine dominante Rolle. Ist das nur eine momentan opportun erscheinende Behauptung oder lässt

sich das überzeugend begründen?
Eine Begründung wird dann überzeugend sein, wenn sie sich sowohl von den Geisteswissenschaften als auch von den Naturwissenschaften ausgehend zeigen lässt. Das scheint jetzt wirklich der Fall zu sein. Denn in beiden Bereichen lassen sich <u>duale Verhältnisse sowohl bei den betrachteten Objekten als auch in der Methodik</u> (27) nicht mehr leugnen. Wohlbekannt in den Geisteswissenschaften sind <u>Körper-Geist-Probleme</u> (28) und Auseinandersetzungen zwischen individueller und gesellschaftlicher Ebene, welche sich vor allem zwischen <u>Idealismus und Materialismus</u> (29) zeigten und nicht einseitig lösen ließen. Methodisch kann an Fragen zwischen These und Antithese oder zwischen Analytik und Synthese angeknüpft werden. Generell können darin duale Verhältnisse geortet werden.
Duale Verhältnisse sind zunächst immer durch zwei getrennte Positionen gekennzeichnet, die theoretisch beide besetzt werden können. Genaueres Hinsehen zeigt jedoch, dass im Allgemeinen nicht nur oder sogar nur selten die beiden jeweiligen Eckpunkte, welche sich als Extrempunkte verstehen lassen, eingenommen werden können, sondern genauso auch Zwischenwerte. Es handelt sich jeweils um ein <u>Spektrum von Möglichkeiten</u> (30), in welchem eine Wahl getroffen werden kann. Im Bereich der unbelebten Natur geschieht dieses sowohl in Kraftfeldern als auch insbesondere im Bereich der Elemente und insbesondere der Elementarteilchen durch das Vorhandensein von <u>Unschärfebeziehungen</u> (31), wo jeweils ohne äußeres Zutun der tatsächliche Zustand nicht fest

bestimmbar ist.

Bereits mancherorts in der Antike wurde genau dieses Suchen von mittleren Lösungen als der empfehlenswerte Weg bei Problemlösungen in menschlichen Konfliktfällen gesehen. Das läuft unweigerlich auf Kompromisslösungen hinaus, die genauso gut auch als <u>Suche nach einem mittleren Weg</u> (32) beschrieben werden können, welcher in Anlehnung an den Buddhismus auch als Mittlerer Weg mit einem Großbuchstaben geschrieben werden kann, was jedoch nicht die Übernahme der fundamentalistischen Teile des Buddhismus beinhaltet.

Für ein modernes weiterführendes Verständnis ist der <u>Übergang von statischen zu dynamischen Ansätzen</u> (33) wichtig. Nicht nur die Beschreibung von Zuständen, sondern auch deren <u>Veränderung muss betrachtet werden</u> (34), also wie sich etwas entwickelt. Das gilt sowohl für die Grundlagen wie für Konflikte.

Wachstum und Entwicklung

Was ist Entwicklung? Die <u>zahlreichen Definitionen</u> (35) lassen sich zunächst in Veränderungen entweder in Raum und Zeit oder von Zuständen einteilen. Sie spiegeln sich sowohl in den modernen Geistes- als auch in den modernen Naturwissenschaften.

Wie hat sich aber Entwicklung selber entwickelt? Die Frage nach einer Meta-Entwicklung könnte fruchtlose Fragen nach einer Schöpfung ersetzen. Es sei vorweg verraten, dass eine Beantwortung nur rekursiv möglich erscheint,- also sich in kleinen Schritten langsam dem Ziel nähernd, ohne es jemals vollständig erreichen zu können.

Ähnlich wie jetzt die Frage nach der Entwicklung

der Entwicklung führte im neunzehnten Jahrhundert bereits diejenige nach einer Philosophie der Philosophie (36; 37) zu einer großen Auseinandersetzung zwischen erfahrungsorientierter und sprachorientierter Philosophie, also zwischen zwei als dual verstandenen miteinander verkoppelten Arten, die insbesondere Ausdruck in verschiedenen Formulierungen des Materialismus und des Idealismus fanden. Dieser Disput wurde anfänglich vor allem innerhalb der Geisteswissenschaften durch Wortgefechte geführt und später zumindest vorläufig von den Naturwissenschaften durch ihre großen, mit Experimenten und in der Technik bestätigten Erfolge entschieden. Angemerkt sei, dass von einer Minderheit von Vertretern des historischen Materialismus diese Position als Vulgärmaterialismus abgetan wurde, während ersterer von den Naturwissenschaften weitgehend ignoriert wurde.

Heute sind jedoch die Naturwissenschaften sehr empfindlich an Grenzen des Erfahrungsbereichs (38;39) gestoßen, schon allein aus finanziellen Gründen, weil sowohl im Bereich der Elementarteilchen als auch in den Weltraumexperimenten die Kosten der vertretbaren Finanzierung offensichtlich bereits jetzt überschritten werden und sich allerhöchstens nur noch als multinationale Unternehmen rechtfertigen lassen. Oft mag dabei kaschiert werden, dass arme Teile der Bevölkerung zur Finanzierung von Vorhaben heran gezogen werden, wovon sie dann aber zumindest keinerlei ohne weiteres für sie einsehbaren Nutzen haben. Es wird kurzerhand festgelegt, dass diese zu keiner Entscheidung fähig und infolgedessen Fremdbestimmung gerechtfertigt seien.

So tauchen Überlegungen auf, ob ein anderer Ansatz, der sowohl vereinfachend als auch kostengünstiger sein sollte, nicht doch noch weiterführen könne, um bisher gesetzte Grenzen zu überschreiten. Von den Naturwissenschaften war recht überzeugend gezeigt worden, dass ein solcher Ansatz das zumindest nicht allein vermag. Selbst Einstein hat sich seinerzeit [dagegen gewandt](#) (40), dass man Naturwissenschaften beliebig vereinfachen könne. Wenn jedoch ein Teil der naturwissenschaftlichen Basis aus bestimmten Gründen nicht mehr zur Verfügung steht, weil z.B. das ursprüngliche Definitionsgebiet von Raum und Zeit unbewusst oder möglicherweise gar bewusst verlassen wird, könnten vielleicht zwar nicht Anteile aus sprachorientierter Philosophie allein, aber doch [Anteile aus nicht völlig beziehungslosen Gebieten](#) (41) außerhalb der Naturwissenschaften für **grenzüberschreitende Optimierungen** verwendet werden. Dieses könnte nicht in der gewohnten Form durch beweisführende Experimente, aber durch schrittweise Anpassung von Ansätzen geschehen, die nicht völlig spekulativ sind, sondern sinnvoll geeignet erscheinen, da sie aus anderen nicht *völlig zusammenhanglosen* Bereichen genommen werden können und sich durch die Forderung nach möglichst guter Konsistenz weiter optimieren lassen.

Solche Ansätze beinhalten Entwicklung von grundsätzlich erweiterter Art. Wenn Entwicklung im Sinn von fraktaler Theorie verstanden wird, auf welche hier erst im weiteren Verlauf eingegangen wird, bedeutet sie Grenzüberschreitungen, die weiterführende neue Perspektiven eröffnen könnten. Diese Vorschläge sind im Prinzip mathematisch formulierbar und basieren auf Beziehungen zwischen aufeinander folgenden Generationen statt wie bisher auf funktionellen Zusammenhängen zumeist in Raum und Zeit.

Ein derartiger Ansatz muss selbstverständlich durch überzeugende Beispiele oder Anwendungen gerechtfertigt werden, was nicht sogleich beim Start ausgearbeitet mitgeliefert werden kann. Es bedarf tastender und nicht durch vorgefasste Meinungen eingeschränkter Erkundungen. Die Methode des Ansatzes erscheint viel versprechend, steht weder mit religiösen noch mit darwinistischen Vorstellungen in Konflikt und scheint im aktuellen Leben die beste Möglichkeit zu sein, auch außerhalb von unverantwortlich teuren Hochschul- und Technologieunternehmen voranschreiten zu können. Er entspricht der von verschiedenen Seiten gestellten Forderung, <u>die Basis der Naturwissenschaften, insbesondere der Physik, wesentlich zu vereinfachen</u> (42). Da aber ein entscheidender Moment duale Situationen sind (u.a. Welle und Teilchen), müssten diese für eine erheblich vereinfachte Darstellung bereits in der grundlegenden Mathematik als Basis integriert sein, was zwar eine offensichtliche Zweigleisigkeit von funktioneller und fraktaler Mathematik bedeutet, jedoch schlussendlich trotzdem wirklich eine große Vereinfachung beinhalten kann. Die Einzelheiten sind gewiss noch weitgehend unbekannt, was aber auch seinen Reiz für Menschen haben mag, die sich gern in Neuland von nicht im Voraus bekannter Art begeben. Das nennt sich Abenteuer. Bewusst wurde das Wort „unbekannt" anstelle von „spekulativ" verendet, weil letzteres inzwischen im naturwissenschaftlichen Establishment fast zu einem Schimpfwort geworden ist (siehe Konferenzbericht München 2015) (43).

Heuristik und Tabubrüche

Wesentlich bleibt die Frage, wie sich Entwicklung entwickelt hat, d.h. die nur rekursiv mögliche (44) Frage nach einer Meta-Entwicklung. Durch in fixierten gesellschaftlichen Verhältnissen nicht übliche, als Heuristik genützte Grenzüberschreitungen, gemeinhin Abenteuer genannt, ist dem Autor das duale Wesen dessen deutlich geworden, was im laxen Sprachgebrauch, also mit recht unterschiedlichen Definitionen, Entwicklung genannt wird.

Entwicklung lässt sich mathematisch dual, also mit zwei miteinander verkoppelten Definitionen, verstehen entweder durch Funktionen in Raum und Zeit oder durch Fraktale unter dem Generationsaspekt (45).

Funktionelle Unterschiede lassen sich aber auch beim Übergang von einer Kultur in eine andere, zum Beispiel von einem Kontinent in einen anderen, sowohl persönlich erleben als auch an gesellschaftlichen Verhältnissen ablesen und im Prinzip in Raum und Zeit beschreiben. Durch Hervorgehen neuer Generationen entstehende Unterschiede lassen sich ebenfalls persönlich erleben und auch an gesellschaftlichen Verhältnissen ablesen, sprengen aber etablierte Eingrenzungen in Raum und Zeit und können im Grunde vermutlich nur fraktal verstanden werden.

Man mag an Tabubrüche denken. Private und öffentliche Verhältnisse spiegeln sich dabei einander gegenseitig und bilden ein Ganzes.

Eine klare begriffliche Trennung ergibt sich durch den im üblichen Sprachgebrauch bereits etablierten **Unterschied zwischen Wachstum und Entwicklung** (46). Wachstum wird hier funktionell verstanden und muss die Grenzen des Gültigkeitsbereichs respektieren, was z.B. zur Kontaktinhibition (47) führt. Entwicklung im hier gebrauchten Sinn unterliegt dagegen dieser Einschränkung nicht, beginnt und endet aber mit singulären Ereignissen (48), im Leben populär als Geburt und Tod bezeichnet. Deutlich sei gesagt, dass dieser Gebrauch des Wortes „Entwicklung" im Widerspruch steht zu seiner leider etablierten Verwendung zum Beispiel in der Entwicklungsphysiologie (49). Biologische Evolution ist nur ein Teilaspekt von Entwicklung im hier gebrauchten verallgemeinerten Sinn..

Außer Geburt und Tod gibt es aber auch andere singuläre Ereignisse, sowohl von der Umwelt herrührende Katastrophen als auch möglicherweise ebenfalls von der Umwelt beeinflusste genetische Mutationen. Da aber bekannt ist, dass nur grob gerechnet 0,1 % aller Mutationen fittere Nachkommen (50) zur Folge haben, muss viel Nachwuchs erzeugt werden, damit bei dem unter solchen Umständen notwendigen scharfen Auslesekampf genügend häufig ein in diesem Sinne positives Resultat erreicht wird.

Nun haben die Menschen die Kultur (51) erfunden. Welche Rolle spielt diese dabei? Kulturelle Entwicklungen bringen auch neue Kulturformen mit sich. Das ist in früheren Zeiten allem Anschein nach deutlich langsamer als heute vor sich gegangen, hat sich also beschleunigt. Lässt sich das messen? Zum Beispiel haben Stilperioden wie die Romanik oder die Gotik jeweils zahlreiche menschliche Generationen lang gedauert, während in jüngster Zeit sich bereits mehrere Stilperioden innerhalb einer einzigen menschlichen Generation abspielen. Kultur beschleunigt also Entwicklung im hier verwendeten Sinn, während viele andere sogenannte Entwicklungen, insbesondere im wirtschaftlichen Bereich, hiernach als Wachstumsprozesse verstanden werden sollten und dementsprechend bekanntlich immer häufiger an [Grenzen des Wachstums](#) (52) stoßen.

Dass verdeutlicht die Behauptung, dass Entwicklung und Wachstum zwar grundverschiedene, aber dual einander zugeordnete Vorgänge sind, was enorme Bedeutung für das praktische Leben und damit die Politik haben kann. Es lässt sich nicht leugnen, dass damit Grenzüberschreitungen, deutlicher gesagt Grenzverletzungen, im Zuge einer Entwicklung in diesem Sinne, d.h. Generationsgrenzen überschreitend, gerechtfertigt werden können. Mit anderen Worten ausgedrückt bedeutet es, dass **Grenzen nicht statisch über lange Zeiträume fixiert werden können**, was [historische Fakten auch deutlich zeigen](#) (53).

Die weitere Frage kommt auf, ob die offensichtlich mit der neuen Sichtweise verbundene prinzipielle Einschränkung von Wachstum umgangen werden kann, und ob das Wachstum selber eine unveränderliche Erscheinung ist oder sich in seinen Eigenschaften grundlegend ändern, also weiter entwickeln kann. Ansätze dazu sind in Sicht etwa mit dem <u>Übergang von rein auf Energie-Dissipation beruhender Entwicklung zu solcher, das auf erneuerbarer Energie</u> beruht (54). Eine weitere Möglichkeit ist, statt einfach vorhandene Energie-Speicher aufzubrauchen, selbst <u>neue Energie-Speicher</u> (55) anzulegen, im einfachsten Fall in Form von besseren Batterien, aber durchaus auch in einer dem Öl vergleichbaren chemischen oder gar in nuklearer Form.

Fraktomatik

Duale Verhältnisse scheinen in vielen Bereichen der Natur und damit auch des Lebens also eine sehr viel größere Rolle zu spielen, als es anfänglich schien. Damit entsteht die Frage, ob dies auch in den grundlegenden Methoden der Beschreibung bereits seinen Ausdruck finden müsste, an erster Stelle in der Mathematik. Immer sinnvoller erscheint die Schaffung einer zu der bisherigen „klassischen" Mathematik sich dual verhaltenden fraktalen Mathematik, für welche die Bezeichnung Fraktomatik vorgeschlagen wird. Der Rest dieses Abschnittes wird auf mathematische Fragen eingehen. Wer absolut nicht willig ist, sich darauf einzulassen, kann diesen überspringen.

Die **klassische Mathematik** (56) hat in diesem Zusammenhang folgende wichtige Grundeigenschaften:

1. Nach einer anfänglichen darstellenden **Geometrie** (vor allem der Euklidischen Geometrie) wurde eine rechnerische **Algebra** entwickelt, für welche vor allem Potenzreihen

charakteristisch sind,- genauer gesagt, eine [lineare Algebra](#) (57) mit einer endlichen Zahl von Dimensionen ohne Topologie. Mit Hilfe von Funktionen konnten später auch in unendlich vielen Dimensionen die Eigenschaften von Zuständen oder Vorgängen in ausgewählten Koordinaten (in einer Topologie) in Abhängigkeit von Koordinaten von anderen Zuständen oder Vorgängen in anderen Koordinaten (in einer anderen Topologie) berechnet werden Das ist zunächst statische und dann dynamische **Funktionsanalysis**.

2. Die einfachen Rechnungsarten der Mathematik basieren auf **Zahlen**, welche in ihren wesentlichen Eigenschaften an diejenigen von Teilchen angelehnt sind. Dadurch eignet sie sich sehr gut zur Behandlung der **Teilchenphysik** , welche in ihrer historischen Entwicklung von der europäischen und arabischen **Logik** ausging und zunächst in die auf übersichtlichen einfachen Axiomen beruhende klassische Mechanik mündete.

3. Diese Rechnungen werden innerhalb von Koordinatensystemen dargestellt, in welchen die funktionellen Abhängigkeiten streng logisch innerhalb eines zu benennenden Geltungsbereichs bestimmt werden. Infolge der Anlehnung an die Teilchenphysik mögen Raum und Zeit sowie Massen vor allem in Anwendungen eine entscheidende Rolle spielen. Beim Verlassen des besagten Geltungsbereichs können [Singularitäten](#) (58) Probleme hervorrufen, welche grundlegende Bedeutung haben.

Die neue Fraktomatik müsste demgegenüber wesentlich verschiedene Eigenschaften haben:

1. Anschließend an die ein geschlossenes System

darstellende, von Julia et al.(1925) und Mandelbrot (1975) geschaffene fraktale Geometrie (59) sollten eine fraktale lineare Algebra und eine fraktale Funktionsanalysis entwickelt werden, welche entsprechend auf Potenzreihen basieren und die Möglichkeit bieten sollten, Eigenschaften von Zuständen oder Vorgängen in einer bestimmten Generation einer Entwicklung in Abhängigkeit von den Verhältnissen in der vorherigen Generation zu bestimmen.

Die Interpretation der einzelnen Potenzterme lässt sich bislang nur grob und noch nicht unter völliger Vermeidung von unbewiesener Spekulation umreißen. Die Konstante am Anfang müsste die essentiellen Naturkonstanten und Wirkungen enthalten. Damit würde die Allgegenwart der Naturgesetze erklärt oder zumindest beschrieben.

Das Glied erster Ordnung beschreibt unter anderem die schon vor Mandelbrot bekannten linearen Julia-Mengen etc. (am wichtigsten sind einfache Verzweigungen) und würde im wesentlichen Energie-Dissipation (60) wiedergeben, ein sicher wichtiger Teil in jeder Entwicklung.

Das Glied zweiter Ordnung beschreibt einerseits natürliche Oberflächen. Andererseits ist Energie immer ein quadratischer Ausdruck, wobei die Maxwell-Gleichungen (61) im Auge behalten werden sollten.

Das Glied dritter Ordnung kann die Entstehung von Teilchen und astronomischen Körpern beinhalten. Die Differentierung von verschiedenen Arten von Kräften (62) könnte vielleicht ebenfalls hier ihren Ursprung haben. Die in beiden

Richtungen mögliche Umwandlung von Masse und Energie, d.h. die Einstein-Formel (63), wäre als Ausgangspunkt denkbar. Selbstverständlich muss das Standardmodell der Teilchenphysik (64) zumindest annäherungsweise kompatibel bleiben. Ein Glied vierter Ordnung wäre Gegenstand von vielleicht sinnvoller Spekulation über Suprafluidität (65) und Schwarze Löcher (66).

Die klassische Funktionsanalysis lässt sich noch nicht ohne weiteres auf eine derartige neue Fraktomatik übertragen, um Eigenschaften einer neuen Generation aus denjenigen der vorhergehenden statisch oder dynamisch zu bestimmen.

2. **Die einfachen Rechnungsarten der Fraktomatik müssten anstelle auf Zahlen auf Strukturen basieren, welche in ihren wesentlichen Eigenschaften nicht an einen abstrakten Strukturbegriff wie in der Mathematik** (67), sondern direkt an die **Struktur von physikalischen Feldern** (68) angelehnt sind. Dadurch sollte sie sich sehr gut zur Behandlung der modernen Feldphysik eignen, welche in ihrer historischen Entwicklung zwar auch von der europäischen Logik ausging, sich damit aber schwer tat wegen ihrer Nähe zu den ganzheitlichen Vorstellungen von alles durchdringenden Feldern, ohne sich der damit verbundenen Nähe zu fernöstlichem Holismus (69) voll bewusst zu sein. Sie mündete bislang in die ausgesprochen schwer verständliche, hochkomplexe Zusatzannahmen beinhaltende Quantenelektrodynamik (70).

3. Fraktale Rechnungen sollten Zustände oder Vorgänge im Koordinatensystem einer bestimmten Generation aus denjenigen im

Koordinatensystem der vorhergehenden Generation bestimmen. Diese müssen aber nicht streng logisch zusammenhängen, weil sich am Generationsübergang Singularitäten befinden können. Infolge der Anlehnung an die Feldphysik spielen Massen primär keine Rolle und auch Raum und Zeit sind wegen der Abhängigkeit von Massen nicht grundlegende Koordinaten.
Aus diesen Feststellungen lassen sich folgende Schlüsse ziehen:
1. Wie bereits erwähnt ist die fraktale Geometrie ein in sich abgeschlossenes erfolgreiches System, welches jedoch bislang keine weitergehende Entwicklung wie diejenige von der Euklidischen Geometrie zur Algebra und Funktionsanalysis zuließ. Ein möglicher Grund ist das Festhalten an logischen Herleitungen entsprechend unserer westlichen Kultur. Ein weiterer Grund könnte in der traditionell bevorzugten Verwendung von auf Teilchen bezogenen Zahlen in der klassischen Mathematik liegen. Stattdessen könnte wie gesagt von Strukturen ausgegangen werden. Dazu müsste der verwendete Strukturbegriff hinterfragt und zumindest mathematisch und physikalisch konsistent verwendet werden.
2. Einen möglichen Ansatz zu einer passenden Erfassung von solchen Strukturen bieten Betrachtungen an der Riemannschen Zahlenkugel (71). Während in einer primitiven Weise duale Verhältnisse nur durch die zwei Seiten einer Münze veranschaulicht werden, macht die Darstellung auf einer beliebig drehbaren Kugel die höhere Komplexität sichtbar. Die Zahlbereiche der klassischen Mathematik sind im unteren Teil dieser Kugel angesiedelt. Sie schließen die für die Erfassung vieler physikalischer Vorgänge

erforderlichen komplexen Zahlen ein, was aber schlussendlich nicht ausreichend sein mag.

Mit im hier gebrauchten Sinn auf Felder bezogenen Strukturen sollen dagegen spiegelbildliche Operationen im oberen Teil der Kugel verstanden werden. Der Null entspricht dann also die Gesamtheit aller Elemente, das heißt die Grundstruktur des Mediums, in welchem Betrachtungen ausgeführt werden. Als masselose Löcher konzipierte Fehlstellen entsprechen nunmehr den in Analogie zu Teilchen konzipierten Zahlen. Mit diesen kann im Prinzip ebenso wie mit Zahlen gerechnet werden, also zunächst noch nach logischen Regeln.

3. Wenn diese Vorgehensweise mit der typisch fraktalen Herleitung eines Zustands oder Vorgangs in einer bestimmten Generation aus demjenigen der vorhergehenden Generation kombiniert wird, dann geht der streng logische Zusammenhang gewöhnlich verloren wegen hoher Komplexität und sich ändernden Bedingungen an den durch Singularitäten dargestellten Generations-Übergängen, aber es wird ein neues Verständnis erzeugt. Eine solche ganzheitliche Betrachtungsweise ist vielerorts zu Unrecht als esoterisch verschrieen, mag jedoch nicht nur für feldtheoretische Überlegungen entscheidende Vorteile bieten. Der Übergang von einer Betrachtung unter Einbeziehung der Abhängigkeit von Massen zu einer anderen, in der dies nicht der Fall ist, könnte sehr entscheidend für den [Zusammenhang von Gravitationstheorien zu Feldtheorien](#) (72) sein, was ebenfalls zur sinnvollen Spekulation zählen sollte.

Fraktale Mathematik als Disziplin

Eine fraktale Analysis als gleichwertiges Pendant zur Funktionsanalysis im Sinne der in der Natur verwirklichten Mathematik gibt es bis heute nicht, sondern im Wesentlichen nur besagte fraktale Geometrie, die man wie gesagt trotz Unterschieden in etwa als Gegenstück zur Euklidischen Geometrie sehen könnte. Was eine derartige „vollständige" fraktale Mathematik darüber hinaus leisten soll, ließ sich bislang kaum klar sagen.

Die Axiomatik dieser Mathematik muss nicht von gliedernder Logik ausgehen, sondern entsprechend dem Unterschied zwischen europäischem logischem und fern-östlichem ganzheitlichem Vorgehen stattdessen von komplexen Grundzuständen. Schlussendlich sollte man mit letzteren beginnend sich der logischen Denkart entsprechend annähern können, wie man von einer logischen Basis aus mit fortgeschrittenen Methoden bereits komplexe Vorgänge erfassen kann. Das rüttelt erheblich an den Grundlagen allen abendländischen Denkens, geht auch über „reines" Denken im Sinne von strenger Logik hinaus, ist deshalb aber absolut keine Esoterik, als die es gerne diffamiert wird.

Ein wesentlicher Punkt jeder fraktalen Betrachtungsweise ist der mögliche nahtlose Übergang von logischer analytischer zu komplexer synthetischer Sichtweise. Im Abendland besteht die tief verwurzelte und meist gar nicht als Wahl reflektierte Tradition, auf der logischen Seite anzufangen, was zunächst durchaus etwa mit den Erfolgen der Technik gerechtfertigt werden konnte. Aber auf der anderen Seite bei den komplexen Vorgängen mit den axiomatischen Grundlagen einer solchen Fraktomatik zu beginnen, scheint vielen Mathematikern eben wie Esoterik vorzukommen, dürfte in Wirklichkeit jedoch völlig gleichwertig sein.

Ein konsequenter solcher Ansatz könnte anfangs schwierig erscheinen, genauso wie auch die Funktionsmathematik viel Zeit und Mühe zu ihrer heutigen Entwicklung gebraucht hat. Wegen des möglichen, jetzt noch nicht übersehbaren Zusammenhangs mit den ungelösten Einsteinschen Problemen der Vereinigung zwischen Gravitationstheorie und Quantenelektrodynamik sollte aber der Anreiz zu weiterem Vorgehen in diese Richtung recht hoch sein.

Ein zentraler Punkt, bei dem die „klassische" Funktionsmathematik schwierig wird, ist zum Beispiel eine rein mathematische, möglichst einfache Beschreibung von automatischer <u>Muster- und Strukturbildung</u> (73) bei genügender Komplexität eines Mediums, und zwar ohne Zuhilfenahme von physikalischen oder anderen Voraussetzungen. Der Ausdruck Struktur wird in den verschiedensten Disziplinen des europäischen Kulturbereichs verwirrend unterschiedlich gebraucht, ist in diesem Fall nicht unbedingt identisch mit dem vorher gerade gebrauchten Strukturbegriff und auf jeden Fall verschieden von dem sonst in der klassischen Mathematik üblichen Strukturbegriff, und müsste sich jedoch auf diese Weise auf eine gemeinsame Wurzel zurückführen lassen. Die automatische, rein mathematisch beschreibbare Strukturbildung bei hoher Komplexität sollte dann nicht ein extrem schwer verständlicher Prozess, sondern ein einfacher Basisvorgang sein, wie es offensichtlich auch in der Natur der Fall ist. Eine besondere Aufmerksamkeit würden dabei Theorien zur Entstehung von Automaten (74) verdienen.

Basis in Mengen- und Zahltheorie

Das Null-Element der Fraktomatik wäre die Gesamtheit aller Elemente, also **die Gesamtstruktur**. Um deren Elemente von den Zahlen zu unterscheiden, aber ihren Bezug zu diesen deutlich zu machen, können wir statt von einer Null von einer Sull sprechen, womit eine Struktur-Null assoziiert werden kann. In radikalerer Ausdrucksweise können wir sagen, dass **das Sull-Element der Fraktomatik der Gesamtheit aller Elemente bei Beschreibung mit klassischer Mathematik entspricht**, wobei hier mit Elementen aber Strukturen der zuvor genannten Art gemeint sind. Ein einzelnes Loch als masselose Struktur in dieser Sull ist dann die Struktur-Eins, Seins genannt, es folgen Swei, Srei, Sier und so fort. Freie Elemente außerhalb dieser Gesamtstruktur sind als negativ angesehene Teilstrukturen außerhalb der Sull-Struktur angesiedelt, also „freie Teilchen", wobei wie in der Elektrizitätslehre als frei bezeichnete Elektronen auch das negative Vorzeichen tragen. Es ist ersichtlich, dass sich damit einfachere Betrachtungsweisen für Leitungselektrizität (75) eröffnen sollten.

Auf diese Art lässt sich die Entstehung natürlicher Strukturen einfacher erfassen. Die Sull-Menge der ganzen Welt wird damit beschrieben als duales Spiegelbild einer Darstellung durch die Gesamtheit aller Zahlen als Elemente. Dies ist eine von der Riemannschen Zahlenkugel wohlbekannte Vorstellung, wenn man auf ihr oben vom Punkt Unendlich ausgeht. Man fängt in besagter Fraktomatik also an, mit der Gesamtstruktur zu rechnen, und kommt erst später zu Zahl-Elementen im überbrachten Sinn. Damit ergibt sich als Ausgangspunkt eine Erfassung der Ganzheitlichkeit, wie es beispielsweise auch eine ursprüngliche Absicht der pädagogischen Bemühungen nach den Unruhen um 1968 war, Kindern vor der klassischen Mathematik Mengenlehre beizubringen. Man wollte gleich zu Anfang ihren Sinn für Ganzheitlichkeit schärfen (76), wie es der damaligen Umbruchzeit in Deutschland entsprach und wie es vor allem auch im afrikanischen und asiatischen Empfinden an vielen Stellen eh und je viel stärker zum Ausdruck kommt.

Zahlbereiche haben als Teilsparten die natürlichen, ganzen, rationalen, reellen, komplexen und weitere Zahlen, wie auch ein weitgehender Laie in entsprechenden Wikipedia-Artikeln nachlesen kann. Diese werden dort Strukturen genannt und sind durch zwischen ihnen existierende Relationen definiert. Die wichtigsten drei *derartigen* Strukturen sind in diesem Sinne algebraische, Ordnungs- und topologische Strukturen. Zahlbereiche (77) zeichnen sich dadurch aus, dass sie alle diese drei Strukturen haben, die untereinander zusammenhängen.

Wir müssen einen Ausdruck prägen für die einem Loch entsprechende „Anti-Zahl" und können diese **Fahl** (von um**f**assen oder **F**raktal) nennen. Für diese Fahlen sollen genau dieselben Regeln gelten wie für die Zahlen, also vor allem auch die

Zugehörigkeit zu allen drei genannten wichtigsten Strukturen in jenem Sinne. Die Einzelheiten auszuführen überlässt der faule Physiker den fleißigen Mathematikern. Wesentlich ist jedoch die Anwendbarkeit der Fahlen auf Naturverhältnisse genauso wie bei Zahlen. Es muss also ebenso natürliche, ganze, rationale, reelle, komplexe und weitere Fahlen, also *solche* Strukturen geben wie wohlbekannt bei den klassischen Zahlen.

Mit diesen Fahlen lässt sich auch mit *natürlichen* Strukturen entsprechend wie mit Teilchen rechnen, was in der Festkörperphysik bei der Behandlung von Fehlstellen in Halbleitern schon lange praktiziert wird (78). Im Prinzip wird also „zunächst" die klassische Mathematik der Teilchenphysik zugeordnet und die neue Fraktomatik der modernen Feldphysik. Man kann an beiden Seiten völlig gleichwertig anfangen und sich jeweils dem anderen Ende annähern.

Vereinfachtes Weltbild

Ein Grundübel aller Modelle zur Beschreibung der Welt ist die Tatsache, dass die dafür benutzte Physik und die dabei verwendete Mathematik im Allgemeinen so kompliziert und anspruchsvoll sind, dass sie nur für Spezialisten einen wirklichen Zugang geben. Vom Standpunkt einer Philosophie aus gesehen, welche im Prinzip einfachere Verständlichkeit und gleichzeitig praktischen Nutzen erreichen möchte, wobei jetzt ein Zusammenrücken von Geistes- und Naturwissenschaften als ein sinnvoller Weg erscheint, müssen grundlegend neue Aspekte berücksichtigt werden, welche aber vielleicht auch eine entscheidend neue Sicht ermöglichen.

Im Moment lässt sich an diesem Punkt Spekulation noch nicht völlig vermeiden, dürfte aber gerechtfertigt sein, wenn sich keine prinzipiellen Konflikte im Sinne einer allgemeinen Kompatibilität und Konsistenz ergeben.
Wir wollen davon ausgehen, dass eine solche Beschreibung zumindest am Anfang von einer Situation ohne Raum und Zeit ausgeht. Am naheliegendsten erscheint dabei die Einstein-Formel $E=c^2m$, welche vor allem die Umwandelbarkeit von Energie in Masse und umgekehrt und damit deren duales Wesen beinhaltet. Wenn aber Masse und Energie eigentlich „fast" dasselbe sind, sollte beide dieselbe Dimension und die Konstante $a = c^2$ den Betrag 1 haben. Da wir zunächst ohne Raum und Zeit auskommen wollen, kann diese Konstante nicht von vorneherein die Dimension einer Geschwindigkeit haben. Geschwindigkeit muss dann quasi über einen Brechungsindex definiert werden, also die Dichte der Gesamtmasse. Die Interpretation von c als Geschwindigkeit der Ausbreitung von Energie erfordert also die Anwesenheit von Massen und eine weitere Konstante.
Davon ausgehend wurde die beschleunigt zunehmende Expansion des Weltalls (79) aufgrund der als unveränderliche Naturkonstante angenommenen Lichtgeschwindigkeit von den Nobelpreisträgern des Jahres 2011 Perlmutter et al. konstatiert. Wenn man jedoch davon ausgeht, dass es sich bei der Konstante um einen vom Medium abhängigen Brechungsindex handelt, könnte dies bedeuten, dass im Universums eine variable Dichte eines Mediums besteht, in welchem sich das Licht fortpflanzt. Fortpflanzen

und Variabilität würden damit duale Eigenschaften zugeordnet werden, welche einer dualen Zuordnung von Raum (und) Zeit zu Gravitation entsprechen.

Dies würde erneut [Newton's Äther-Theorie](#) (80) Auftrieb geben, jedoch jetzt vor dem möglichen Hintergrund von dunkler Energie und dunkler Materie, während Newton eingestand: „Denn was der Äther ist, weiß ich nicht". Es gibt es kein Experiment, welches darüber entscheiden könnte, ob die Konstante a primär als Geschwindigkeit oder als Brechungsindex interpretiert werden muss. Doch scheint letztere Deutung einfacher im Sinne der hier vertretenen Philosophie und auch konsistent zu sein. Damit würden sich maßgebliche Änderungen in unserem zugrunde gelegten Weltbild ergeben.

ARS UNA

Von persönlichen Überzeugungen ausgehend hat der Autor auf der Webseite ARS-UNA.net und in seinen dort genannten Ebooks bereits seit längerem vertreten, dass es im Grunde darauf ankommt, zwischen jeweils extremen Formen einen modernen Mittleren Weg zu finden, der weitgehend einer erstrebenswerten Kompromissfähigkeit gleich kommt. Damit treffen sich erstens eine modern verstandene Religion, wobei mit dem Mittleren Weg nicht streng buddhistisch eher eine nicht organisierte eigene Religiosität gemeint ist, zweitens die faszettenreiche Kunst und drittens die hypermodernen Naturwissenschaften, welche sich auch auf „Kompromisse", etwa einen solchen modernen Mittleren Weg zwischen Mathematik und Fraktomatik und auf die sich daraus ergebenden Folgen oder eine andere Interpretation der Lichtgeschwindigkeit einstellen könnten. Es ist kaum anzunehmen, dass die Konsequenzen vernachlässigbar sein werden.

Kunst, Religion und Naturwissenschaften,- darf es auf Latein gesagt werden, damit es in der päpstlichen Sprache verständlich ist?- **a**rs, **r**eligio et **s**cienciae,- zusammen in **U**nion und **n**aturbezogener und **a**lternativer Form vereinigt, können sich nun wie das virtuelle **Net**zwerk ausbreiten, das es ansatzweise als ARS-UNA.net schon ein paar Jahre gibt. Damit wird denen hoffentlich Einhalt geboten, die immer wieder aus allen möglichen Ecken kommen und „foul" schreien mögen, also versuchen wollen, dieses Unternehmen als Esoterik zu diskreditieren, womit es wirklich nichts zu tun haben soll.

Immer wieder Janus

Es geht es also nicht nur um die Richtigkeit und Wichtigkeit der Behauptung, dass quasi alles dual verstanden werden kann, sondern auch um die Art und Weise, wie diese geäußert und bekannt gemacht werden kann. Genügend Beispiele in der menschlichen Geschichte zeigen, dass derartige [Paradigmenwechsel](#) (81) grimmig bekämpft und lange Zeit unterdrückt worden sind und obendrein ihren Urhebern größte Schwierigkeiten und lebensgefährliche Bedrohung gebracht haben, weil sie traditionellen Interessen zuwider laufen. Was tun? Sich verkleiden, verstecken, ins Privatleben zurückziehen?

Der Versuch, dies mit einem angenommenen Rabenkostüm auf nicht immer ernsthafte Weise zu bewerkstelligen, ist scheinbar nur auf Kopfschütteln gestoßen. Hat das die ernsthafte

Glaubwürdigkeit der Fragestellung erschüttert? Der eingeschlagene Weg sollte und soll Bewusstsein für die Problematik erzeugen. Ist das nicht zunächst der wichtigste Aspekt? Oder ist vielleicht das duale Wesen von menschlichen und animalischen „Dingen" eine entscheidende Konsequenz ihrer möglichen Beantwortung? Die Menschen haben sich aus den Tieren entwickelt (82). Verunsichert diese Nähe die Menschen so stark, dass sie das nicht wahrhaben wollen? Wollen sie vor ihr die Augen genauso verschließen, wie es die Mehrzahl der Menschen vor all den grausamen oder einfach auch nur als animalisch angesehenen Vorkommnissen im Leben tut?

Besagter Rabe, hinter welchem sich dieser Autor auf unverständliche Weise gern zu verstecken scheint, bezieht sich auf zwei sehr widersprüchliche Bereiche. Einerseits hält er die Mathematik als zutiefst menschliches Produkt für einen wesentlichen Ausgangspunkt diesbezüglicher Argumente, andererseits spricht er der Sexualität eine Bedeutung zu, die als viel zu animalisch erscheint. Zeigt dies aber nicht auch zwei sehr entgegengesetzte Seiten der Unterdrückung vor allem in unserem öffentlichen Leben?

Religionen vermieden von jeher diese beiden Themen fast völlig, in die Kunst fanden sie erst mit Leonardo da Vinci Eingang, und im modernen Leben haben sich die Geistes- und die Naturwissenschaften nur langsam dafür geöffnet. Die Geisteswissenschaften sprechen statt von zwei Seiten von Dialektik, die Naturwissenschaften von dualen Verhältnissen. Selbst die Möglichkeit, dass diese beiden heute grundlegend erscheinenden Begriffe Ausdruck dessen sein könnten, dass alles dual verstanden werden kann, scheint zumindest keinen Gefallen zu erregen. Wie steht es damit? Wichtig scheint die neue Vorstellung zu sein, dass es sich nicht primitiv um zwei Seiten einer Münze handelt, denn es würde auch ein Rezept fehlen, wie man von der einen auf die andere Seite käme, sondern dass eine Kugel z.B. nach Riemanns Idee eine adäquatere Vorstellung gibt, auf welcher es beliebig viele Wege zwischen zwei Punkten gibt.

Dieser Autor hat, schon nicht mehr ganz jung, einen neuen Startpunkt in seinem Leben vor etwa 25 Jahren im Denken, Meditieren, Lieben und Leben ausgehend vom antiken Bild des Januskopfes genommen, welches diese Situation adäquat wiederzugeben schien, wie in „Das Janusgesicht der Welt" im Buch „Querschnitte" beschrieben (83). Das könnte scheinbar nur eine erfolglose Rückkehr an den Ausgangspunkt beinhalten,- ein vergebliches Kreisen um etwas Unerreichbares und damit Nutzloses. Doch ein wesentlicher Gedanke, der immer mehr in den Vordergrund rückte, ist die Notwendigkeit von rekursiver Annäherung an derartige Ziele, sogar bereits bei den verwendeten Definitionen (84), welche aber bedeutet, dass eine vollständige Annäherung wie bei alle dem, was Erkenntnis genannt werden mag, nie ganz möglich ist.

Bedeutet das die Nutzlosigkeit des gesamten Unternehmens? Beileibe nicht, denn die besagten beliebig vielen Wege selbst stellen sich entsprechend schon uralten Einsichten als das Entscheidende heraus. Die Wahl unseres Weges ist die eigentliche Aufgabe und dasjenige, was uns die Fähigkeit zu Verständnis, angenehmen

Gefühlen, Liebe und Leben bringt. Auf beiden Seiten des Weges lauern Gefahren und hängen Glücksbringer. Diese beiden Seiten lassen sich aber sinnvoll als duale Möglichkeiten verstehen. Wer mag, kann ebenso gut diese Sichtweise auch dialektisch nennen. Doch das Wort dual ist der Basis aller modernen und erfolgreichen Naturbeschreibung näher, womit hier zunächst die nicht von allen geliebte, auf Axiomatik basierende Mathematik gemeint ist, aber kein Affront gegen die <u>Geisteswissenschaften mit ihrem anderen, eher an Ideen orientierten Verständnis von Wissenschaft</u> (85)   .

Neuauflage von Kant?

Die Frage nach einer Metaentwicklung kommt, etwas geschwollen ausgedrückt, derjenigen nach einer <u>reinen Entwicklung im Kantschen Sinne</u> (86) gleich. Hinzu kommt aber die für wichtig angesehene Notwendigkeit, innerhalb der einzelnen Kategorien oder Dimensionen laufend durch Einschätzung zwischen den jeweiligen Extrempunkten eigene Positionsbestimmungen durchzuführen, was mit einem Schlagwort als **Messbarkeit** (87) bezeichnet werden kann. Es tritt also ein völlig neues bislang in der zunächst eher geisteswissenschaftlich orientierten Philosophie unübliches Element dazu. Dieses kommt einer Öffnung der traditionell schon seit der Antike hauptsächlich geistig verstandenen philosophischen Betätigung für ein auch typisch naturwissenschaftliche Methoden einbeziehendes Vorgehen gleich und bedeutet gleichzeitig eine ebensolche Öffnung für als typisch asiatisch angesehenes Denken, Fühlen, Leben und Handeln, nämlich die meditative Suche nach

jeweils einem Mittleren Weg, welcher durchaus eine derartige Messbarkeit voraussetzt, wenn auch vielleicht nur durch eigene Abschätzung.
Nach der Frage bezüglich einer reinen Entwicklung müssen demnach quasi selbstverständlich die entsprechenden Untersuchungen der Möglichkeiten einer praktischen und einer moralischen Entwicklung (88) und schließlich auch entsprechend der damals folgenden Suche vor allem von Hegel nach einer vom Menschen unabhängigen absoluten Entwicklung (89) folgen. Es geht also zusätzlich um die Entwicklung von Bereichen, moderner ausgedrückt von Geltungsbereichen, in welchen die jeweiligen Untersuchungen anwendbar bzw. gültig sind.
Als wichtiger Gesichtspunkt ist in den Fokus gekommen, dass es möglicherweise prinzipiell immer vier Dimensionen bzw. wohl entsprechend auch immer vier Kategorien gibt, welche zu einer umfassenden Betrachtung einerseits nötig und andererseits auch ausreichend sein können. Das wären entweder aus naturwissenschaftlicher Sicht diejenigen von Raum und Zeit oder etwa, wie bereits an anderer Stelle (41) ausgeführt, aus humanistischer Sicht diejenigen nach gut und schlecht, nach wahr und falsch, nach authentisch oder fake und nach geordnet oder chaotisch. Die letzteren Bereiche wurden jedoch am Menschen und genauso auch an höheren Lebewesen orientiert eingeordnet als diejenigen vom Kopf (analytische Wahrnehmung und Intelligenz), vom Oberleib (synthetisches Gefühl und Ganzheitlichkeit), vom Unterleib (Sex und Macht) und von den Extremitäten (Tätigkeiten und Fortbewegung), also wiederum in genau vier

Geltungsbereiche.

Zusammen würden das vier mal vier Werte entsprechend einer Matrix ergeben und somit den Übergang vom linearen zu einem höherdimensionalen Vorgehen, welcher dem zuvor erfolgten Übergang von statischer zu dynamischer Betrachtungsweise gleichkommt.

Die praktische Entwicklung müsste vor allem diejenige unserer Entscheidungsprozesse im Leben betreffen, am aktuellsten diejenigen in der sogenannten modernen Demokratie, welche so wirklich modernisiert werden könnte. Ganz praktisch muss dies eine Weiterentwicklung von Wahlsystemen (90) bedeuten, welche heute immer noch, den meisten unbewusst, auf einem sehr niedrigen Niveau vor sich gehen. Anstelle einfach nur zwischen A und B die Möglichkeit zur Entscheidung zu haben (wie im Wesentlichen in den USA) oder zwischen A, B, C, D, E, - - - -, also einer insbesondere durch Prozenthürden zusätzlich eingegrenzten Zahl von Wählmöglichkeiten wie in Europa, gäbe es heute infolge der möglichen Auswertung durch Computer durchaus die Möglichkeit, mehrere Punkte zur Wahl zu stellen und bei diesen jeweils ein Spektrum von Möglichkeiten zur erneuten Auswahl zu bieten, z.B. im einfachsten Fall durch Markierung von Lochkarten. Damit könnte eine viel detailliertere Wahl stattfinden, welche wesentliche Gesichtspunkte von Meinungsumfragen einbezieht, welche oft der eingeschränkten Auswahlmöglichkeit einer Wahl überlegen sein dürften.

Ein zusätzlicher oft vernachlässigter oder wahrscheinlich sogar bewusst unterdrückter Gesichtspunkt ist die Kompetenz der individuellen

Wähler (91) und deren Berücksichtigung bei der Bewertung der einzelnen Stimmen. Diese Frage steht hinter dem alten Kernproblem nach Vor- und Nachteil einer Oligarchie von angeblich besser zur Entscheidung fähigen Entscheidungsträgern oder einer Demokratie, in welcher allen Betroffenen die gleiche Kompetenz zugebilligt wird, was in endlose Diskussionen über die Kompetenz von Jugendlichen oder gar von mehr oder weniger dementen Wählern mündet. Auch dieser Punkt könnte im Prinzip mit einem messenden Wahlsystem angegangen werden, wobei aber wieder sofort eingestanden werden muss, dass vielleicht neue Manipulationsmöglichkeiten dadurch entstehen, dass nur wenige Menschen die Technikalien des Wahlsystems und der Auswertung verstehen oder beeinflussen können.

Dies läuft im Prinzip auf Diskussion von Transparenz und Open-Software hinaus, eine unendliche Geschichte, welche wieder einmal demonstriert, dass man und frau sich diesen Themen nur rekursiv nähern können. Gleichzeitig bleibt die Frage, ob die jetzt unternommene Untersuchung von Entwicklung in all ihren Faszetten schlicht und einfach der Untersuchung der Vernunft durch Kant entspricht. Eine wichtige Rolle sollten dabei neue Untersuchungstechniken der Hirnforschung mit bildgebenden Verfahren (92) spielen, womit im Prinzip festgestellt werden kann, wie weit Entscheidungen neuronal vom Gehirn bestimmt werden, was weitgehend, aber nicht hundertprozentig der Fall ist. Damit entstehen neue kritische Fragen nach dem Zusammenhang von Entwicklung und Vernunft von Menschen und Tieren, von Religion und Darwinismus, von Schönheit und Authentizität

und schließlich auch von Ordnung und Chaos.
All diese Punkte sind ebenso nur rekursiv angehbar, wie auch generelle Fragen nach abstrakten Begriffen wie Freiheit, Liebe, Schöpfung und "dergleichen", wozu durchaus auch der Gottesbegriff und ebenso der Begriff "Welt" gehören. Aber eben dieses weitere Einkreisen einer als über biologische Evolution hinausgehend verstandenen Entwicklung mag der lange gesuchten absoluten Vernunft entsprechen, welche sich demnach als etwas sehr viel Bescheideneres ergibt, als früher nicht selten mit dem Anspruch von großer Erleuchtung verkündet wurde.

Dieses Einkreisen entspricht im Prinzip dem Übergang von kartesianischem Denken, also in Form quasi eines Koordinatennetzes oder etwas moderner mithilfe von Matrizen, zu einer Betrachtung in Polarkoordinaten, und diese auch wieder mehrdimensional, also nicht mit einem Kreis vorstellbar und auch nicht "einfach" mit einer normalen Kugel, sondern mit einer vierdimensionalen Kugel. Diese kann man sich im Sinne des schon öfters erwähnten Meisters Riemann vorstellen, auf welcher die Dinge also nicht dual wie auf einer flachen Münze, sondern eben in einem höheren Sinne dual sind, an welchen wir uns wohl gewöhnen müssen. Es kommt einer modernen vierdimensionalen Fassung des ebenfalls nur rekursiv angebharen Problems der Quadratur des Kreises (93) gleich.

Genesis der Fraktomatik

Gestatten wir uns abschließend einige fantasievolle und zugegebenermaßen nicht von Spekulation freie Vorstellungen. Versetzen wir uns in die Zeit, als auf der frisch-gebackenen Erde der erste Meteorstaub in Wasser fiel. Damals schwammen nun einige intelligente Moleküle im Wasser herum und beobachteten als erstes dort Wasserbläschen. Diese wollten sie nun abzählen. Das gesamte riesige Meer, aus welchem sie nicht hinaus schauen konnten, war für sie die Sull, welches sie als ein Nichts ansahen, in welchem die kleinen Blasen die ersten zählenswerten Dinge waren. So lernten sie: Eine Blase und noch eine Blase sind wie viele Blasen? Seins und Seins ist Swei. Sie lernten eben rechnen mit entstehenden materielosen Strukturen und fanden das ganz normal.

In folgenden Generationen kamen intelligentere Moleküle und lernten neue Rechenschritte, zunächst einmal multiplizieren. Wie gut das zur Berechnung der Vermehrung von kleinen Blasen taugte! Und als sich komplexere Moleküle bildeten, da fanden sie Freude an den schönen Formen, wollten diese auch beschreiben können und fingen an, eine fraktale Geometrie zu entwickeln, mit der sie schöne bunte Bilder von sich entwickelnden Strukturen in den Sand am Meeresboden zeichnen konnten. Sie ahnten nicht, dass diese einige Milliarden Jährchen später einmal Fraktale genannt würden.

Wie diese Entwicklung weiter ging, ahnt ein heutiger intelligenter Erdenbewohner vielleicht bereits. Es entwickelten sich nicht nur immer komplexere Moleküle, sondern diese erwarben nun Schritt für Schritt neue Fähigkeiten wie Stoffwechsel, Vermehrung und sogar Vererbung. All diese Vorgänge der sogenannten Minipflanzen und der ersten sogenannten Lebewesen wurden jeweils von der „Ausarbeitung" neuer Sparten der

Fraktomatik begleitet.
Es gab nun einige besonders spannende Schritte. Als diese Wesen an die Meeresoberfläche kamen, schauten sie dort hinaus und machten sogar kleine Sprünge in das darüber befindliche vermeintliche Vakuum, von welchem sie erst viel später entdeckten, dass es die geheimnisvolle Substanz Luft enthielt, und erst noch später, dass deren Dichte sich ändert in Abhängigkeit von einem Phänomen namens Gravitation. Schon die ersten außerhalb befindlichen Wesen realisierten nach einiger Zeit, dass dort ihre Fraktomatik nicht sehr taugte. Aber bis zur Erstellung einer für sie alternativen sogenannten Mathematik dauerte es noch ziemlich lange, wie wir heute wissen.

Dummes Raben-Gekrächze

Zunächst kam es zur Entwicklung der Raumfahrt, woran die Vögel einen besonders großen Anteil hatten. Der Rabe ist auch ein Vogel mit Sinn für die dort zu machenden geistigen Raumflüge und die damit verbundenen Entdeckungen. Die Vögel breiteten sich durch Vögeln aus,- eine bald total tabuisierte und mit kirchlicher Exkommunikation, Inquisition und später nur noch scharfer Zensur geahndete Geheimtechnik, mit welcher sie aber das Phänomen der Lebensfreude immer von neuem verbreiteten. Das Vögeln dient also nicht nur oder in manchen Fällen sogar fast gar nicht ihrer eigenen Vermehrung, sondern hat Gründe im geistigen Bereich, zum Beispiel der Verständigung im Sinne von Vermehrung zwischen völlig verschiedenen Kulturen, Gefühlswelten und Tätigkeiten.
Der biedere Leser denkt wahrscheinlich längst, was diese Abweichungen von einem vielleicht viel

spannenderen Thema hier eigentlich überflüssigerweise sollen. Doch verfolgen wir diese Geschichte noch einen Moment weiter!

Zunächst einmal gab es damals im fortgeschrittenen Stadium im Wasser bereits intelligente Wesen, welche eine durchaus intelligente Kommunikation entwickelten. Die am weitesten entwickelten waren sogenannte Säugetiere, welche Delfine, Haie, Seehunde, Wale und so fort hießen und eine gute auf Schallwellen-Feldern basierende Verständigung über Reichweiten von vielen Kilometern entwickelten. Diese Kommunikation zu beschreiben fiel ihnen ziemlich leicht, weil die Ausbreitung der von der Kommunikation verursachten Felder sich gut mit der ihnen wohl vertrauten Fraktomatik beschreiben ließ. Doch entstanden bei ihrer versuchsweisen Entwicklung einer Art von Internet schreckliche Probleme durch riesige, mit gewaltigen Motoren und Schiffsschrauben ausgerüstete Grenzschicht-Fahrzeuge, welche massiv mit grausamen Fangoperationen in ihre heile Welt eingriffen und die dort übliche Kommunikation durch Superhyper-Schallwellen so stark störten, dass die Situation mit einem Genozid vergleichbar wurde.

Sie rächten sich damit, dass sie die Verbreitung der Fraktomatik in die Außenwelt verhinderten, etwa so ähnlich wie die Software-Sperre der Amerikaner für angebliche Schurkenstaaten wie zum Beispiel den hochkultivierten Iran. Ach nein, dieses Land wagten sie gar nicht, einen Schurkenstaat zu nennen, nachdem wenigstens einige ihrer Vertreter klar machten, dass eine Symbiose möglicherweise durchaus vorzuziehen

sei.
Raab raab,- der vermeintliche Rabe kommt wieder einmal vom Hundertsten auf das Tausendste, indem er eine solche Symbiose für sehr sinnvoll und erstrebenswert hält, sogar in politisch ebenso bedeutsamen Fällen wie zwischen Israel und Palästina.

Quo vadis modern

Überflüssige Erkenntnisse?

Sind Erkenntnisse im Grunde überflüssig und nur etwas für wissenschaftlich vorgehende Philosophen? Noch abstoßender hören sich „Erkenntnistheorie" oder gar „Epistemologie" an. Im aktuellen Internet (Wikipedia) wird vorab akademisch behauptet, es gehe dabei um die Frage nach den Bedingungen von begründetem Wissen. Wieso kann oder darf solch eine Behauptung von voneherein unbestritten vorweg genommen werden? Mit Erkenntnissen sollen sich nur weltfremde Philosophen beschäftigen und vollends nur im Namen einer abgegrenzten Wissenschaft? Nichts für den „normalen" Menschen? Nur völlig abseitige, verstiegene und in den Wolken lebende Menschen halten noch Philosophie für die Königin aller menschlichen

Beschäftigungen?

Wenn eine Pflanze oder ein Lebewesen nicht gedeihen, liegt das meist an Einschränkungen in der Natur. Durch Mutation schaffen sie es zwar oft noch, trotzdem zu überleben, aber wenn diese Einschränkungen später durch irgendwelche Ereignisse wegfallen, tun die Mutanten sich gegenüber dem Wildwuchs schwer. Meist bildet sich durch Rekombination zwischen einer Mutante und dem Wildwuchs eine neue besser gewappnete Art heraus, welche sich gut weiter entwickelt.

Gilt das entsprechend auch für die Philosophie und ihr ungeliebtes Kind, die Erkenntnistheorie? Sind die beiden Disziplinen auch in einer Form eingeschränkt worden, die ihnen nicht gut getan hat? Meist wird das gemacht, weil einige vergleichsweise wenige Menschen davon einen Vorteil haben, indem sie dadurch zu den ach so begehrten Spezialisten werden, die anderen Menschen ihre vielleicht viel zu teuer bezahlten Dienste anbieten. Was war denn der Trick, mit welchem die Philosophie derart eingeschränkt worden ist?

Das lässt sich relativ einfach sagen. Sie ist auf die Tätigkeit des Kopfes, genauer gesagt des Gehirns, eingeschränkt worden. Diese wurde mit dem vornehmen Namen Vernunft getauft und später oft mit Wissen verwechselt. Jeder und jede, wer ihr nicht huldigte, wurde als irrational verdammt, was viel dezenter und wirkungsvoller als die schreckliche mittelalterliche Inquisition war.

Doch sowohl der Mensch als auch zumindest die höheren Tiere bestehen nicht nur aus einem Kopf. Wir sagen, im idealisierten Oberleib sitzen die Gefühle und die Energie, im angeblich bösen Unterleib der Sex und die Macht, und in den Armen und Beinen die Tätigkeiten und die Fortbewegung oder Ausbreitung.

Haben diese alle nichts mit Philosophie zu tun? Handelt es sich um verdammenswerte Irrationalität? Nein, eine Grundeigenschaft der Philosophie ist es, menschlich zu sein. Aber was unterscheidet denn die Menschen hauptsächlich von den Tieren? Sind es Intelligenz und Bewusstsein oder Gefühle oder die Fähigkeit zu anderen Tätigkeiten? Neuere Forschungen zeigen, ohne dass es an dieser Stelle im Einzelnen dargelegt werden soll, ganz klar, dass das nicht stimmt. Tiere haben auch Intelligenz und Bewusstsein, und zwar nicht wenig. Inzwischen ist auch gezeigt worden, dass zumindest die höheren Säugetiere eine mit den Menschen vergleichbare Gefühlsskala haben. In vielen Tätigkeiten übertrumpfen sie sogar die Menschen. Das hat zwar mit den Definitionen dieser Begriffe zu tun, doch auch dieser Einwand lässt sich ausräumen. Nur ein Beispiel sei, dass Intelligenz gewiss etwas mit Reaktionsgeschwindigkeit zu tun hat. Darin sind uns aber auch viele Tiere haushoch überlegen. Ebenso haben letztere ein weitaus größeres Umweltbewusstsein, welches man jetzt erst mühevoll den Menschen wieder beizubringen versucht.

Was ist denn nun spezifisch menschlich? Die Antwort ist nicht wissenschaftlich kompliziert, sondern höchst einfach und aber kaum anzuzweifeln. Fragen zu stellen ist die wesentliche spezifisch menschliche Eigenschaft, die wiederum eng mit der Eigenschaft verknüpft ist, sich über Dinge zu wundern. Wunder,- das weist in den religiösen Bereich hinein, ohne aber einen speziellen Bezug zu bestimmten Religionen zu haben. In diesem Sinne hat die damit gemeinte Spiritualität oder Religiosität nicht einfach nur mit Irrationalität zu tun. Aber sie basiert auch nicht ausschließlich auf Rationalität.

Fragen ist menschlich. Das sollte die vielleicht wichtigste Erkenntnis sein, die uns die Philosophie vermittelt. Die Philosophie des Fragens aber ist schlicht und einfach Erkenntnistheorie. Welch furchtbares Wort! Doch ist sie etwa wirklich erstarrt in einem Korsett, das in unserer Zeit immer noch zu viele Akademiker tragen? Kann es gewagt werden, einen neuen Sprössling von ihr, der ohne ein solches Korsett in die Welt gesetzt wird, Alternative Philosophie zu nennen? Und es scheint, dass dieser Sprössling eine verblüffende Selbstähnlichkeit zu antiken Vorbildern hat, vor allem zu Homers

Odysseus.
Selbstähnlichkeit,- dieses Wort wird nur völlig verstehen, wer schon einmal ein wenig von Fraktalen gehört hat, über welche es aber inzwischen genügend Möglichkeiten zur Information gibt und an diesem Punkt nichts weiter gesagt werden soll, außer dass damit nach mehreren Generationen erneut, aber leicht verändert auftretende Merkmale gemeint sind. Doch jene Selbstähnlichkeit schließt nicht unbedingt ein, dass wieder Poesie wie bei Homer im Vordergrund steht. Eine wesentliche Frage zu Beginn jeder Philosophie ist diejenige, wie überhaupt etwas entsteht und wieder vergeht. Das muss nicht mehr Schöpfung und Apokalypse heißen, sondern wurde Philosophie der Entwicklung getauft, wohlunterschieden von Evolution, und in dem Buch „Übliche Grenzüberschreitungen" thematisiert, in welchem vor allem die enorme Bedeutung von Tabus hervor gehoben wird.
Erkenntnisse sind also nicht nur ein Ergebnis unseres mehr oder weniger produktiven Gehirns oder komplizierter wissenschaftlicher Arbeit, sondern können genauso aus den genannten drei anderen Körperteilen stammen. Das kann in vermischter Form geschehen, also verursacht durch demnach eher oben angesiedelte starke Gefühle oder von dort aus indirekt, wenn Herz und Lunge dem Körper besonders gut Energie bereitstellen, aber ebenso von gefährlich

weiter unten zugeordneten sexuellen Erlebnissen oder auch dem angeblich dort schamhaft verborgenen Machtbereich, oder entsprechend ausgelöst von den durch Arme und Beine symbolisierten Tätigkeiten oder Unternehmungen. Fast alle betreffen höchstens teilweise die Vernunft. Irrationalität ist keine Erfindung des Teufels.

Der Weg

Schon viele Menschen haben im Laufe ihres wie-auch-immer gearteten Lebens gemerkt, dass das Wichtigste für uns selber weder ist, woher wir kommen noch wohin wir gehen, sondern der Weg.

Woher wir kommen, die Schöpfung dieser Welt, unsere eigene Geburt, all das, was wir unsere Herkunft nennen, können wir nicht ändern, was bedeutet, dass es nur etwas von Bedeutung ist für diejenigen, die nicht hier und jetzt leben.

Wohin wir gehen, der Untergang dieser Welt, unser Tod, all das, was wir unsere Zukunft nennen, können wir ebenfalls nicht ändern, was ebenso bedeutet, dass es nur etwas von Bedeutung ist für diejenigen, die nicht hier und jetzt leben.

Dazwischen liegt der merkwürdige Weg, den wir in unserem Leben gehen. Wir lernen ihn nur durch unsere eigene Wahrnehmung kennen, wenn wir ihn selber gehen.

Wahrnehmung? Die Augen haben einen eingegrenzten Blickwinkel, einen beschränkten Frequenzbereich von Ultrarot bis Ultraviolett, und gewiss nicht beliebige Fähigkeiten, etwa wenn es zu dunkel oder auch zu hell ist. Für die Ohren gilt ähnliches, auch für die Nase und alle Tastempfindungen. Selbst für die neuen modernen Erweiterungen unserer Wahrnehmung, Medien genannt, lässt sich schlicht und einfach dasselbe sagen. Auch dauernder Gebrauch macht nicht besser, dass es unvollständig und außerdem selektiv bleibt.

An die Wahrnehmung kann, aber muss sich nicht die Verarbeitung anschließen. Diese ist ebenso unvollständig und selektiv, und ebenso nur begrenzt abhängig von der Größe oder der Qualität unseres Gehirns oder seiner modernen Erweiterung, Computer genannt.

Schließlich folgt eventuell die nicht unbedingt perfekte Speicherung der Resultate, entweder im Kurzzeit- oder im Langzeit-Gedächtnis. Wieder gibt es moderne zusätzliche Mittel,- Bücher, Bilder, Filme, Festplatten bis hin zu gewaltigen Supercomputern. Auch schon die eigene bloße Anwesenheit in dieser Welt hinterlässt deutliche, allerdings nicht immer sofort verständliche Spuren, wie wir heute wissen.

Alle derartige Speicherung ist sowohl räumlich als auch zeitlich begrenzt. Sie verblasst und vergeht, mal schneller, mal langsamer, angeblich abhängig von "der" Qualität. Frage nicht nach den Richtern, schließlich wird es doch nur zu Asche und

Staub, auch wenn sich darin noch kleine Spuren von Information befinden mögen. Wenn diese Welt später einmal etwa in einem Schwarzen Loch verschwinden wird, geht auch dieser letzte Rest von Information verloren. Bleibt nichts? Von dieser Welt gewiss nicht, über andere Welten können wir ebenso wenig etwas sagen, von einem möglichen Anfang oder Ende aller Welten vollends nichts und gar nichts.

Was bleibt? Nun, jener merkwürdige Weg mit all seinen Eigenarten, die wir nie völlig erfahren werden. Keiner fragt uns, ob wir ihn gehen wollen oder nicht, und keiner gibt uns ein Rezept, wie wir ihn gehen können oder gehen sollen. Ah, gibt es zwei Möglichkeiten? Können oder sollen? Das Können braucht, modern ausgedrückt, *frei zugängliche* Energie und orientiert sich an der begrenzten Wahrnehmung, ihrer begrenzten Verarbeitung und begrenztem Zugriff zu Informationsspeicherung. Das Sollen wird von *steuernder* Energie beeinflusst, die *nicht* frei zugänglich ist, zum Beispiel von der Stärke und Entfernung von Energiequellen, von Licht und Schatten. Zur steuernden Energie sind auch Eltern, Popen und sogenannte Regierende zu zählen, und zwar jeweils ein weites Spektrum. Es gibt gewaltige Unterschiede bei der jeweiligen Stärke und Entfernung von Energiequellen, von Licht und Schatten, und ebenso bei besagtem Einfluss von Eltern, Popen und sogenannten

Regierenden.

Gibt es denn Wegweiser auf jenem, auf unserem Weg? Wegweiser sind nicht grundlegend verschieden von Reklametafeln. Vorsicht ist zumindest äußerst angebracht. Sollen wir hierhin und/oder dorthin gehen? Sollen wir jetzt oder zu einem anderen Zeitpunkt gehen? „Gehen sollen" ist nicht autoritär gemeint. Wir können, müssen uns aber selber in unserem Leben orientieren.

Was tun? Ist es die bekannte Frage, ob wir frei oder determiniert leben? Trifft das Eine zu oder das Andere? Kann beides richtig sein, nur Ausdruck des dualen Charakters der Welt? Oder sind beide Aussagen falsch? Gilt dieselbe Ambivalenz wie für Richtig und Falsch, für Gut und Schlecht, für Echt oder Fake, und für Ordnung und Chaos?

Die unter dem Verdacht von Willkür stehende Auswahl der wie bereits an anderer Stelle soeben erneut genannten vier Kategorien könnte so etwas wie eine moderne Religion der Menschen bedeuten. Ist große Vorsicht geboten? Handelt es sich wieder nur um ein neues Credo? Wie entgehen wir einer willkürlichen Fixierung, erhalten uns die menschliche Freiheit? Oder ist auch diese Freiheit nur ein Extrem, die andere Seite eines ach so schönen Eingebundenseins, sei es in magische wunderbare Liebe oder hinter maximale Sicherheit gewährenden virtuellen oder realen Mauern?

Alles nur menschliche Extremalforderungen,

die es im Tierreich nicht gibt? Alle haben sie offensichtlich Fußangeln oder Pferdefüße. Die perfekte, aber lustlose Wahrheit der Logik oder die jeglicher Wahrheit entbehrende, aber lustvolle Ganzheitlichkeit? Das moralische, aber sterile Gute oder das unmoralische, aber sich fortpflanzende Schlechte? Das natürliche, aber kunstlose Echte oder geformte, kunstvolle Schönheit? Sichernde, aber einschränkende Ordnung oder riskantes, aber freies Chaos?

Diese Extreme, die wir Fundamentalismen nennen können, vermeiden wir am besten, wenn wir nicht sie selbst als Ziele anstreben, sondern die Bereiche zwischen ihnen, im Wald der dualen Welt, tastend zwischen Richtig und Falsch, meditierend über Gut und Schlecht, uns entscheidend zwischen Echtem und Schönen, lebend zwischen Ordnung und Chaos.

Das wird gemeinhin als Mittlerer Weg bezeichnet und als typisch menschlich angesehen. Er kann generell nur näherungsweise eingehalten werden. Von ihm weichen alle Menschen laufend ab und müssen sich neu orientieren, an jeder Stelle und zu allen Zeiten die eigene Position einschätzend. Alle Fixpunkte zeigt sich zweideutig, zeigen sich dual.

Wir verlassen den Mittleren Weg in sträflicher Weise, wenn wir der einen Seite verfallen oder der anderen, aber auch, wenn wir nur eine Entweder-Oder-Entscheidung zwischen

den beiden Extremen von etwas Dualem sehen oder akzeptieren. Die Extreme haben immer fundamentalistischen Charakter. Dazwischen gibt es unendlich viele wohl vorzuziehende Möglichkeiten.
Dieses kann das Geheimnis aller menschlichen Konfliktlösung sein. Nicht das Eine oder das Andere ist nur eine mögliche Lösung, sondern laufend neue Annäherungen dazwischen. Beispiele gibt es wirklich unendlich viele. Sucht sie selber tastend und abwägend, überall, immer und auch jenseits von Raum und Zeit!
Nicht alles muss richtig sein. Nicht alles muss gut sein. Nicht alles muss schön sein. Nicht alles muss ordentlich sein. Das nennt sich Tabubruch. Für das jeweilige Gegenteil gilt das genauso. Ebenfalls Tabubrüche.
Taburegeln kommen dadurch zustande, dass nur absolute Maximalwerte zugelassen werden, also keine Werte dazwischen. Somit scheint der Mittlere Weg vielen Menschen ebenfalls ein Tabubruch zu sein. Stimmt das? So viele, zu viele eigene Möglichkeiten zur laufenden eigenen Entscheidung? Einfach zu anstrengend? Treu sein oder frei? Demokratisch oder mit Autorität? Kapitalistisch oder kommunistisch? Flüchten oder Standhalten? Exit oder solidarisch? Leben oder Sterben? Alles nur Spaß oder bitterer Ernst?
Woher soll die Orientierung kommen? Sie kommt nicht aus der Ferne, aus anderen

Zeiten, sondern aus dem Nahbereich im jeweiligen Moment. So machen es schon die einzelnen Tropfen in einem Fluss, der sich als Ganzes den besten Weg sucht. Wenn ein Tropfen besonders große Energie hat, kann er verdampfen und sich einen individuellen Weg suchen. Andere Tropfen werden vielleicht von Pflanzen oder Tieren, auch von uns selbst aufgenommen und erfüllen so eine sinnvolle Aufgabe, eine eigene und auch gemeinsame.

Mensch und Tier

Ist der Mittlere Weg etwas sehr Menschliches, von welchem Tiere keine Ahnung haben? Unser eigener menschlicher Weg ist unser Leben, von welchem wir aber wissen, dass es gewiss reicher als das Leben eines Wassertropfens ist. Wie aber steht es vergleichsweise mit den Tieren, insbesondere den höheren Tieren? Unser als homo sapiens zunehmend selbst bestimmter Weg fängt wie bei diesen mit Lernen in der frühen Kindheit an. Er beinhaltet aber nicht nur die Befolgung übermittelter Regeln wie bei Tieren. Typisch menschlich ist, wie bereits gesagt wurde, Fragen zu stellen, was ein grundlegender, vielleicht sogar DER grundlegende Unterschied zwischen Mensch und Tier ist, nicht etwa der Erwerb von Sprache oder körperliche Eigenschaften. Die Welt um uns herum genau zu beobachten, die nahe und die ferne, die kleine und die große, und dann zu fragen und daraus Schlüsse zu ziehen ist

eine typisch menschliche Fähigkeit. Sie erlaubt sinnvolles und notwendiges eigenes Suchen und schlussendlich Orientierung.
An dieser Suche wirken unser Kopf und unsere Gefühle beide mit. Diese Suche wird vor allem in unseren Aktivitäten verwirklicht, Eine vielleicht in ihrer Bedeutung unterschätzte Spur im eigenen Leben und sogar schon vor diesem zieht oder zeigt bei den laufenden Entscheidungen die Sexualität. Diese Spur wird auch nach unserem eigenen Leben hinterlassen,- sonst wäre uns zum Beispiel die Partnerwahl im Leben nicht instinktiv so wichtig.
Nach weithin akzeptierter Meinung sollen aber das private eigene Leben und öffentliche Angelegenheiten möglichst voneinander getrennt werden, was durchaus etwas mit besagter, nur hinter vorgehaltener Hand gehandelter Sexualität zu tun haben mag. Ist auch hier ein Tabubruch angesagt? Stimmt es, dass das eigene Privatleben prinzipiell aus jeglichen Auftritten und Erwägungen in der Öffentlichkeit herausgehalten werden sollte? Wer ist der Wächter über derartige Tabus?
In religiös geprägter Kultur wird die Sexualität oft sehr heftig unterdrückt. Geht es um Distanzierung der Menschen von den Tieren? Man kann zwar nicht darüber hinwegtäuschen, dass alle Lebewesen von Natur aus *genetische* Information von weitaus höherer Langlebigkeit als diejenige der in Nervenzellen gespeicherten Information in

sich tragen. Alle neueren Forschungen zeigen ferner, dass die Unterschiede in der genetischen Information von Mensch und Tier weitaus geringer sind, als man(n) vermutet hat. Nicht nur ersichtlichermaßen nähere Verwandte wie etwa die gar nicht friedlichen Schimpansen oder die durchaus friedlichen Bonobos, nein, sogar die Plattwürmer, welche unter anderem die eher tropische Krankheit Bilharzia verursachen, haben mehr Ähnlichkeit mit uns in dieser Form von Information, der genetischen, als früher irgend jemand gedacht hätte.

Doch nicht nur Information spielt eine wesentliche Rolle, sondern auch die Anpassung an eine sich mehr oder weniger stark ändernde Umwelt und die gegebenenfalls damit verbundene Auseinandersetzung untereinander,- mit anderen Worten Selektion und Sozialverhalten. Die Selektion der einzelnen Arten hat sich dadurch herausgebildet, dass diese die lokale Meisterschaft in jeweils wichtigen Disziplinen gewonnen haben. Das Sozialverhalten aber zeigt sich eh und je deutlicher beim weiblichen Teil einer Population als beim männlichen. Betrifft das nur die genetische Information, welche sich also vor allem in den vorzugsweisen Tendenzen bei der Partnerwahl ausprägt und somit nunmehr anerkanntermaßen bei Mensch und Tier ziemlich ähnlich sind? Oder betrifft es auch die Art des Denkens?

Letzteres wird, vollends in logisch verknüpfter Form, oft besonders als etwas eben doch nur Menschliches angesehen.

Untersuchungen mit verschiedenen Tieren haben jetzt gezeigt, dass diese auch mehr im Kopf haben, als man(n) früher gedacht hatte. Die Schreibweise mit Klammern soll uns übrigens zum zweiten Mal daran erinnern, dass die Neigung zur jeweiligen Art von Denken genauso wie die Ausprägung des Sozialverhaltens durchaus vom jeweiligen Geschlecht beeinflusst ist.

An dieser Stelle sollen keine neuen Ergebnisse der Hirnforschung verbreitet werden, welche an sich höchste Aufmerksamkeit verdienen, zum Beispiel hinsichtlich Kurz- oder Langzeitgedächtnis sowie Bewusstsein und Intelligenz. Schon auf den ersten Blick scheint das alles komplex und verzahnt zu sein, also nichts für unser eigenes kleines Gehirn. Ob das wirklich stimmt, mag ziemlich fraglich sein, aber im Moment wollen wir nur diesen Schluss daraus ziehen, dass einerseits die animalischen Eigenschaften für uns Menschen ganz offensichtlich,- und wenn viele von ihnen noch so knurren,- anteilig eine viel größere Bedeutung haben, als es die durchschnittlichen ach so modernen Individuen meinen. Unbewusst drückt sich das menschliche Bewusstsein für diese Situation „natürlich" darin aus, wie etwa sportliche Qualifikationen im Vergleich zu guten Leistungen des menschlichen Hirns eingeschätzt werden, nämlich von vielen Menschen durchaus höher. Andererseits können jedoch sogar passive Beobachter eines guten Fußballspiels realisieren, dass es auf ein Zusammenwirken von diesem und jenem ankommt, also auf etwas, das mit jener ominösen logischen Verknüpfung zu tun hat. Soll sich der Rabe nun an dieser Stelle zurückhaltend verkneifen, schon wieder vom Mittleren Weg zu reden?

Wieder und wieder und wie auch schon im vorigem Abschnitt hat dieser mit animalischer Freude am Fliegen lebende ulkige Vogel, hinter dem sich der Autor versteckt, die nicht nur symbolische Bedeutung der Vierteilung des menschlichen Körpers betont. Kopf, Oberleib, Unterleib und Extremitäten sieht er als gleich wichtig und förderungswürdig an, obwohl bei einem Raben die vorderen Extremitäten zum Fliegen und nicht für handwerkliche Tätigkeiten benutzt werden, und obwohl bei ihm die im Oberleib angesiedelte Gefühlszone nicht so deutlich von der im Unterleib aktiven sexuellen Zone getrennt ist.

Lässt sich das etwa damit vereinen, dass hierzulande die Untertanen nunmehr ziemlich pausenlos zum Gebrauch ihres Hirns angetrieben werden, während dagegen nach Ergebnissen von Umfragen im Durchschnitt zweimalige Bettfreuden pro Woche für ausreichend angesehen werden oder einfach sind, was im allgemeinen durch Machtspiele dieser oder jener Art kompensiert wird? Denn Sex und Macht sollen nach obiger Ansicht eben beide im Unterleib angesiedelt sein.

Um Machtspiele welcher Art handelt es sich aber dabei? Am wichtigsten, wenn wir hier jetzt von Fußball-Meisterschaften absehen, ist zweifellos wirtschaftliche Konkurrenz. Wahlen, welche im Prinzip eine allgemeine Beteiligung an der Machtverteilung ermöglichen sollen, können dabei in solchem Maß manipuliert werden, dass der Anteil der eigentlichen Machtspiele undurchsichtig bleibt. Die Wahlen werden so arrangiert und kanalisiert, dass sie die Machtspiele der oberen Zehntausend oder eines sogar noch viel kleineren Teiles der Bevölkerung möglichst wenig beeinflussen. Die Folge ist ein immer weiteres Auseinanderklaffen von Arm und Reich, was schon für manche frühere Gesellschaft am Ende zum Verhängnis geworden ist. Noch komplizierter wird die Lage durch zunehmende Probleme zwischen der Land- und der Stadtbevölkerung.

Bereits bei Tieren variieren die Formen des Zusammenlebens in weiten Grenzen und sind ganz offensichtlich im Wesentlichen von der Umwelt bestimmt. Als erste Beispiele in der Evolution werden dafür meistens die „Staaten"-Bildungen der Ameisen und der Bienen genannt. Beide können nur in einer sehr speziellen Umgebung existieren und sind anfällig für vielerlei Desaster. Es sollte naheliegen, dass das für eine vergleichsweise hochentwickelte, also komplexere Gesellschaft wie unsere eigene in noch verstärktem Maße gilt. Ist das nicht bereits ein Warnlicht? Darüber hinaus leuchtet es sofort ein, dass wir nicht so einseitig wie die spezialisierten Individuen solch einfacher Tiergesellschaften leben wollen. Tun wir das aber wirklich?

Entscheidungen im Nahbereich

Die Mehrzahl der Individuen in einer heutigen Gesellschaft lebt extrem spezialisiert, was sicher zu einer stark erhöhten Instabilität der Gesamtgesellschaft beiträgt, welche durchaus sehr gefährliche Formen annehmen kann oder sogar bereits genommen hat. Ein Land kann heute beispielsweise bereits durch Abschalten seiner Stromversorgung tödlich getroffen werden,- eine sicher nicht irreale Situation. Kann man dann einfach fliehen? Die allenthalben gestoppten Flüchtlingsströme sprechen eine andere Sprache.

Was lässt sich dagegen tun? Ganz einfach, wird man sagen,- jeder muss sehr viel mobiler werden, in jeglicher Hinsicht, also in seinem Tätigkeitsbereich, in seinen Kenntnissen und Fähigkeiten, und in seiner eigentlichen Mobilität, welche die Ortsgebundenheit betrifft. Erregt es nur ein müdes Lächeln, wenn der Rabe zum Vorbild genommen und versucht wird, sich mit ihm zu identifizieren? Doch Mobilität lässt sich nicht nur durch zurückgelegte Kilometer messen. Schon Raben zeigen eine oft unterschätzte Intelligenz, die angeblich höchste unter allen Vögeln. Die Mobilität betrifft nicht nur unsere physischen Aktivitäten, sondern genauso unseren Kopf und alle in unserem Leib angesiedelten Fähigkeiten. Das mag auf erhebliche Widerstände stoßen, weil traditionelle Vorstellungen und Verhältnisse infrage gestellt werden, insbesondere der weit verbreitete und auf den ersten Blick verständliche Wunsch nach gesellschaftlicher Stabilität. Größere Mobilität in der Wahrnehmung wird als „die Nase in alles stecken" kritisiert, beim Denken als Freigeisterei infrage gestellt, bei den Gefühlen als Bindungslosigkeit betrachtet, hinsichtlich der Vitalität als Jugendwahn verspottet, im sexuellen Bereich als Zügellosigkeit und bezüglich der Machtverhältnisse als unzuverlässig herab gewürdigt.

In stärkerem Maße, als es manchen bewusst ist, findet in der modernen Industrie- und Computergesellschaft eine Auseinandersetzung statt zwischen Menschen, die möglichst gute Einordnung favorisieren, und anderen, die sich das Recht auf spontane autonome Entscheidungen erhalten wollen. Das betrifft sowohl die Sesshaftigkeit als auch die langfristige

Beschäftigung mit bestimmten Bereichen, also die jeweilige freie Wahl der eigenen Tätigkeit.

Sollen wir uns entweder für das Eine oder für das Andere entscheiden? Auch das wäre im Grunde ein Fundamentalismus. Sofort wird erneut der Ruf nach einem Mittleren Weg laut, der weder im privaten Bereich noch durch die Gesellschaft vorgegeben werden kann, sondern an jeder Stelle und in jedem Moment neu austariert werden sollte. Wenn dies vor allem im Nahbereich geschieht, entspricht es dem, was Tropfen in einem Fluss tun, nämlich die beste mögliche Art der Verwirklichung für den gesamten Fluss zu suchen. Damit ist sehr wahrscheinlich, dass das Resultat insgesamt die beste mögliche Lösung ist, was aber nicht vergleichsweise seltene singuläre Ausnahmen ausschließt. Letztere können aber nicht Teil eines routinemäßigen Vorgehens sein, sondern nur die Folge von diskontinuierlichen Randbedingungen. Hinter diesem aus der Mathematik stammenden Ausdruck verbergen sich sämtliche nicht vorhersehbaren Ereignisse ohne weitere Spezifizierung. Wir wagen oft kaum, sie bei ihrem Namen zu nennen. Sie heißen Tod und Katastrophen. Doch vielleicht ist es sinnvoll, uns erst einmal scheinbar harmloseren anderen Fragen zu widmen.

Jenseits des Dualen

Was liegt jenseits der Zahl Zwei? Selbstverständlich die Zahl Drei. Und was liegt jenseits des Dualen (siehe Ebook „Janus modern")? Einen entsprechenden Begriff gibt es allenfalls in der Vorstellung der Triade, welche sich aber schon dem Empfinden nach grundsätzlich von dem Dualen unterscheidet. In Ostasien, besonders in China, sind Triaden die festgefügte Basis von gefährlichen, die Gemeinschaft der übrigen Menschen bedrohenden kriminellen Vereinigungen. Allgemeiner werden Triaden als Basis von Normierungs- oder Wertungssystemen benutzt. Das kann im soziologischen Sinn die Vater-Mutter-Kind-Beziehung in einer Familie sein, ebenso die Vorstellung von Vater, Sohn und Heiligem Geist in der christlichen Religion. Generell sind solche Triaden die Basis von höhergradig dynamischen Systemen. Was ist damit gemeint? Die Eckpositionen sind statisch, also genauso wie die zuvor genannten Extrempositionen in dualen Situationen ebenfalls festgelegt mit durchaus fundamentalistischem Charakter. Dazwischen aber werden bei Triaden zum Beispiel beim Treffen von Entscheidungen viel umfassendere dynamische Bereiche eröffnet.

Drei Punkte legen zwar ein System völlig fest, was zum Beispiel mit einem Hocker veranschaulicht werden kann, der auf drei (nicht zu verschiedenen) Beinen fest steht. Ein viertes Bein liefert bereits ein überbestimmtes (wackelig genanntes) System.

Zusätzlich zu den sich stetig oder auch sprunghaft ändernden Positionen zwischen zwei Punkten sind zwischen drei Punkten aber bereits chaotische Abläufe möglich, d.h. ein viel größeres Spektrum von möglichen Vorgängen, was sich zum Beispiel in der Theorie der Fraktale mathematisch zeigen und auch in Experimenten demonstrieren lässt.

Ist dies der Grund, dass ein physikalischer Raum mit drei realen Koordinaten (lang, breit und hoch) vollständig beschrieben wird, so dass die vierte Koordinate, nämlich die Zeit, imaginär sein *muss*?

Diese Überlegung sollte aber nicht nur für physikalische Dimensionen gelten, sondern auch für die zuvor postulierten Dimensionen in den anderen genannten menschlichen Bereichen. Moral (gut – böse), Authentizität (echt – fake) und Erkenntnis (wahr – falsch) liefern drei stabile reale Basisfelder für unsere Orientierung im Leben, nämlich Religiosität, Kunst und Wissenschaften. Die vergleichsweise noch so wenig verstandenen Fraktale, welche den Übergang zwischen geordnet und chaotisch beschreiben, liefern eine zusätzliche imaginäre Dimension, die vor allem für die Generations-Übergänge wichtig ist. Die bereits an früherer Stelle gemachte Empfehlung mag sinnvoll sein, den realen, notwendigerweise begrenzten Teil Wachstum zu nennen, und für den imaginären, im Prinzip unbegrenzten Teil die Bezeichnung Entwicklung zu reservieren, welche demnach also *nicht* mit Evolution identisch ist.

Gemeinsam vorgehen

An diesem Punkt fängt vielleicht eine neue Form von Philosophie der Zukunft an. Die Zusammenarbeit von Geistes- und Naturwissenschaften schien bislang meist eher hypothetisch zu sein und den meisten zu schwierig. Sie ist fragwürdig, sollte es also wert sein, Fragen zu stellen. Die wesentlichen Dinge müssten sich einfach präsentieren lassen. Sie werden einfach, wenn sie sich auf Bekanntes zurückführen lassen, was im Allgemeinen bedeutet, sich auf einfachere Ausgangsverhältnisse zu beziehen. Einfach durch Einfacheres,- weist das nicht auf rekursives Vorgehen hin?
Rekursion bedeutet vor allem in der Mathematik gebräuchliche Verfahren zur schrittweisen, eigentlich nie vollständigen, aber dennoch sinnvollen Annäherung an ein Ziel, wie etwa bei einer Spirale an ihren Innenbereich. Anders als bei dieser ist uns aber in der Natur die sie erzeugende Funktion im Allgemeinen unbekannt. Im menschlichen Bereich verbirgt sich ebenso kaum einmal vollständig Fassbares hinter Begriffen wie Liebe oder Freiheit.
Es sollte also menschlich und sinnvoll sein, wie bei diesen Begriffen Fragen zu stellen,

und zwar an diesem Punkt solche, die das Verhältnis von Geistes- und Naturwissenschaften betreffen. Typisch für die Geisteswissenschaften ist es, nach Deutung und Bedeutung im menschlichen Bereich zu fragen (was *ist* Liebe?). In diesem Sinn ist es wohl sinnvoll, ebenso die Bedeutung von scheinbar schwierigen naturwissenschaftlichen Schlüsselwörtern unter die Lupe zu nehmen. Dazu zählt bereits der Begriff Freiheit (dort wird häufig der spezifischere Begriff Freiheitsgrade gebraucht).

Etwas schwieriger ist schon die folgende Frage. Was bedeuten eine imaginäre Dimension und was eine Singularität? Damit gemeint sind zum Beispiel die problematische, nicht real fassbare Zeit und die nicht real verständlichen Übergänge zwischen Generationen.

Aus naturwissenschaftlicher Sicht werden wir mit Konzepten konfrontiert, welche einerseits mit der (zum Beispiel geometrischen) Darstellung der komplexen Zahlen zusammenhängen (entweder in einer Ebene oder auf der eventuell sogar vierdimensionalen Riemann'schen Kugel), und andererseits mit dem mathematischen Problem der Division durch Null. Geisteswissenschaftler werden wahrscheinlich zunächst alles tun, um diese Konzepte zu vermeiden. Doch das dürfte nicht unbedingt die beste Verhaltensweise

sein.
Aus geisteswissenschaftlicher Sicht wird stattdessen bezüglich der imaginären Zeit auf die Bedeutung von Historie und von Zukunftsprojektion hingewiesen, und entsprechend bezüglich singulärer Ereignisse auf das geistige Erfassen von Geburt, Tod und apokalyptischen Katastrophen, womit wiederum häufig Naturwissenschaftler nicht viel anfangen können.
Sind die Methoden und Fragestellungen der so unterschiedlich erscheinenden Wissenschaften prinzipiell miteinander unverträglich? Oder liegt das Problem im Wesentlichen an fehlender Verständigung, ist also ein Sprachproblem, welches gemeinsames Fragen erschwert oder gar unmöglich macht? Oder geht es um die Eingrenzung der Fragen, also um Definitionen und deren Gültigkeitsbereiche, welche sich nicht „unter einen Hut bringen" lassen?
Bilden diese drei Fragen etwa eine Triade im zuvor genannten Sinn einer Basis eines dynamischen Systems? Die Fragen selbst haben statischen Charakter, indem nur Ja-Nein-Antworten zwischen jeweils zwei Möglichkeiten möglich sind. Dazwischen aber eröffnen sie dynamische Bereiche mit einem weiten Feld von zusätzlichen Möglichkeiten. Der statische Charakter jener Fragen lässt sich in allen drei Fällen auf praktisch dieselbe Art zeigen.
Als erstes schauen wir auf die möglicherweise

miteinander unverträglichen Methoden und Fragestellungen der beiden Typen von Wissenschaften. Die grundlegende Methode zumindest der klassischen Naturwissenschaften ist ein analytisches Fragen und logisches Antworten. Dies ist ein typisch abendländisches Vorgehen. Die entsprechende Methode zumindest der klassischen Geisteswissenschaften ist ein synthetisches Vorgehen und ganzheitliches Antworten. Dies ist im Grunde eher ein außerhalb des Abendlandes, vor allem in Ostasien vorherrschendes Verfahren. In jüngerer Zeit lässt sich übrigens bereits deutlich beobachten, dass sich die beiden Basistypen von Wissenschaften annähern, überschneiden und ergänzen, so dass sich besagte weitere Möglichkeiten schon teilweise eröffnet haben.

Als zweites folgt die Frage nach der Möglichkeit einer sprachlichen Übersetzung zwischen Geistes- und Naturwissenschaften. Solche Versuche zeigen generell, dass diese im Prinzip existiert, dass man jedoch mit „der Übersetzung" im Allgemeinen nicht arbeiten oder weiterkommen kann. So lässt sich die Aussage einer Formel mit Worten beschreiben, aber mit dieser Beschreibung kommt man bei einer Arbeit nicht weiter. Umgekehrt lässt sich ein typisches Gefühl in einer Formel ausdrücken, die jedoch genauso wenig nützt. Auch hier ist also die Zusammenarbeit beider

Wissenschaftsbereiche nötig. Zum Beispiel in der modernen Linguistik und den Kommunikationswissenschaften sind auch hier bereits die zu erwartenden neuen Möglichkeiten erkennbar.

Als drittes bleibt das Problem der verschiedenen Definitionen und Eingrenzungen. Jeder, der sich um die Verständigung zwischen den beiden Formen von Wissenschaft bemüht hat, kennt viele Worte, die jeweils nicht kompatible Bedeutung und außerdem unterschiedliche Bereiche für eine sinnvolle Anwendung haben. Zum Beispiel ist ein Feld für Geisteswissenschaftler ein Anwendungsbereich, etwa ein Acker oder ein Wissensgebiet, für Naturwissenschaftler dagegen eine masselose Energiestruktur, wie etwa ein elektro-magnetisches Feld. Hier ist bereits nicht nur die Definition selbst, sondern auch die Eingrenzung völlig verschieden, denn ein Acker hat eine endliche Fläche, ein physikalisches Feld kann sich dagegen unendlich weit ausbreiten. Wieder könnte man versuchen, diese Schwierigkeit durch Einführung verschiedener Ausdrücke zu lösen, doch das lässt sich in der Praxis kaum durchführen. Hier auch durch Zusammenarbeit zu neuen Fortschritten zu kommen erscheint dringend notwendig. Symbolik und Semantik bieten hier zum Beispiel noch ein weites, sich stellenweise ebenfalls schon jetzt abzeichnendes „Feld" mit vielleicht ebenfalls ungeahnten Möglichkeiten.

Individuelle Lösungen

Ein mit naturwissenschaftlichen Vorstellungen konsistenter Rahmen zur Beurteilung von menschlichen Fragen kann demnach angeboten werden, wobei sich jedoch jeweils unendlich große Lösungsfelder ergeben. Eine und dieselbe Lösung kann infolgedessen kaum für alle Bereiche und Fälle gelten. Die Auswahlkriterien für eine solche Lösung wären notwendigerweise immer zu einem gewissen Grade willkürlich und dadurch nicht allgemein verbindlich. Jedes einzelne Individuum kann sich dagegen für sich selbst Lösungspunkte bestimmen, die für den eigenen Nahbereich sinnvoll und maximal sind. Die Menschen in einer Gesellschaft müssen also einen individuellen Entscheidungsbereich haben. Es kann und darf ihnen nicht der notwendige Spielraum entzogen werden, das zu tun. So wird sich die Gesamtgesellschaft auf die beste mögliche Art wie ein Fluss bewegen, indem jede einzelne Person möglichst gut in ihrem eigenen Nahbereich entscheidet.
Welche Voraussetzungen müssen dabei erfüllt sein? Sämtliche Zwänge auf die Individuen müssen so weit wie möglich reduziert werden, Manche Zwänge sind aber untrennbar mit jeder Gesellschaftsform verbunden. Das betrifft die Grundfragen aller

Gesellschaftskritik, welche an dieser Stelle in ihrer ganzen Weite weder erörtert werden sollen noch können. Doch auch hier birgt die Zusammenarbeit von Geistes- und Naturwissenschaften offensichtlich ungeahnte Möglichkeiten. Immer sollte beachtet werden, dass entsprechend dem englischen Sprachgebrauch die Geisteswissenschaften humanities sind, also speziell den menschlichen Bereich betreffen, während die Naturwissenschaften allgemeiner für die gesamte Natur, also nicht nur human gefasst sind. Dem entspricht zum Beispiel, dass im humanen Bereich von gesellschaftlichen Wahlmöglichkeiten geredet wird, im naturwissenschaftlichen dagegen von Freiheitsgraden. Geisteswissenschaften befassen sich eher mit den im Prinzip synthetischen Medien, Naturwissenschaften führen dagegen vorzugsweise analytische gesellschaftliche Systemtheorie ins „Feld".

Schon in einem Bienenstaat als einfachem Modellfall kann entweder die Kommunikation der Bienen durch den heute entschlüsselten Tanz im Vordergrund stehen oder die Einteilung der Bienen in verschiedene Aufgabenbereiche. Doch viel wichtiger ist vielleicht, wo und wann ein solcher Staat überhaupt entstehen und gut gedeihen oder aber zugrunde gehen mag. Im menschlichen viel komplexeren Fall gelten solche Überlegungen gewiss in verstärktem Maße. Es leuchtet sofort ein, dass hier das

Zusammenwirken der beiden Wissenschaftsarten umso mehr von Bedeutung sein kann.

Akzeptanz

Was auch immer wir tun, können wir alleine machen oder gemeinsam mit Anderen. An dieser Stelle trennen sich im Allgemeinen bereits das private und das gesellschaftliche Leben, welche aber auch beide als Extrempositionen verstanden werden können in dem Sinn, dass es auch noch etwas dazwischen gibt. Dieser Zwischenbereich heißt Beziehungsleben, wenn er dem privaten Teil zugeordnet wird, und Familienleben, wenn die Gesellschaft einbezogen wird. Weitere Ausprägungen eines möglichen Beziehungslebens kommen oder kamen erst später hinzu.

Was wir allein tun, können wir allein entscheiden und müssen es im Prinzip auch allein ausführen: Es kann jedoch Auswirkungen auf Andere haben, womit es bereits nicht mehr nur eine Privatsache ist. Damit liegt bereits eine zumindest theoretische Notwendigkeit vor, jene Andere zu fragen, was wiederum zunächst voraussetzt, die jeweilige Situation zu erklären und dann gegebenenfalls um Einwilligung zu ersuchen. Sowohl das Fragen als auch die Bewertung der Wichtigkeit spielen dort jeweils eine große Rolle, wo andere Menschen involviert sind. "Dort und jeweils" bedeutet im Grunde dasselbe wie "hier und jetzt" und meint in moderner naturwissenschaftlicher Sprache den vierdimensionalen Nahbereich in Raum und Zeit.

Fragen wurde als speziell menschliche Eigenschaft herausgestellt. Bewertungen können dadurch bei den Menschen über den Bereich nur der Energie und Macht hinaus auf ein höheres Niveau gebracht werden, das bei Tieren noch praktisch völlig fehlt. Jedoch setzt das Fragen voraus, dass es sowohl vom Fragenden als auch vom Gefragten akzeptiert wird, und zwar sowohl zunächst die Fragestellung selbst und sodann auch das Resultat.

Die daraus sich ergebende zusätzliche menschliche Möglichkeit zur Konfliktlösung basiert also ganz wesentlich auf der Akzeptanz dieses Verfahrens. Je mehr es akzeptiert wird, umso menschlicher "geht es zu". Jegliche Gemeinsamkeit bringt sowohl Vorteile und bedeutet aber auch eine Einschränkung der eigenen Freiheit. Zu welchem Grade sie erfolgt, muss entschieden werden, und zwar entweder wieder allein oder durch die Gemeinschaft. Akzeptanz kommt also durch Akzeptanz zustande, also auf eine rekursive Methode, welche als Näherungsprozess durch kleine Anstöße von außen, in naturwissenschaftlicher moderner Sprache oft als Störung bezeichnet, entsteht und schrittweise verwirklicht wird.

Akzeptanz hat diese Eigenschaft in auffällig ähnlicher Weise wie Entwicklung, welche genauso selbst zunächst in rudimentärer Form irgendwie entsteht und dann von Generation zu Generation schrittweise verwirklicht wird. Akzeptanz steht also in engem Zusammenhang mit Entwicklung und ist in ihrer heutigen Form eine wichtige menschliche Ausprägung von Entwicklung. An anderer Stelle wurde bereits dargelegt (siehe Ebook „Übliche Grenzüberschreitungen"), dass derart verstandene Entwicklung durchaus Grenzen ignorieren kann, während dies für den Begriff Wachstum nicht gelten sollte, was natürlich wiederum eine Frage der Akzeptanz von Definitionen ist.

Generell stößt man bei all diesen Basisfragen der Philosophie auf die Notwendigkeit von rekursivem Vorgehen, was wiederum die Akzeptanz der Philosophie als ein Weg zur Konfliktlösung sehr schwierig oder zumindest nur in kleinen Schritten, sowohl räumlich als auch zeitlich, möglich macht.

Störungen spielen ebenso wie bei der Entwicklung auch bei der Akzeptanz eine wichtige Rolle.

Hilft uns hier ein Vergleich zwischen naturbezogenen und humanen Verhältnissen weiter? In der Natur rühren die Störungen vor allem von dem her, was dort Felder genannt wird.

Naturwissenschaftlich verstandene Felder können sich unendlich ausbreiten, was zur

Folge hat, dass jedes andere System einer vielleicht nur winzig kleinen, meist nicht nachweisbaren äußeren Beeinflussung unterliegen kann, welche als Störung bezeichnet wird. Ein Bezug dazu kann im humanen Bereich in der Kommunikation gesehen werden. Der Inhalt einer Kommunikation kann wahr oder unwahr oder irgendetwas dazwischen sein. Damit kommen wir in den menschlichen Bereich der Wahrheitsfindung bzw. der möglichen Lüge. Das ist der Kernpunkt aller juristischen Untersuchungen. Die Entscheidung darüber kann entweder auf einfache Art zwischen wahr und unwahr als zwei distinkten Möglichkeiten erfolgen, was im Grunde ein fundamentalistisches Verfahren ist, welches absolute Herrschaftsverhältnisse kennzeichnet und nur grobe Konfliktlösung zulässt, oder aber unter Zulassung von allen möglichen, im Prinzip beliebig eng beieinander liegenden Zwischenstufen zwischen wahr und unwahr, womit sich eine Feinabstimmung und damit verbunden eine sensiblere Konfliktlösung ergeben. Letzteres Verfahren ist gewiss höher entwickelt als eine Entscheidung zwischen im Allgemeinen nur zwei distinkten Möglichkeiten und in diesem Sinne moderner und vorzuziehen.
Zwischen einer Diktatur und einem pluralistischen Staat lässt sich häufig diese Unterscheidung in der Wahrheitsfindung beobachten, was die Akzeptanz entscheidend

beeinflusst. Eine Diktatur erlaubt zumeist nur die Grobabstimmung zwischen zwei oft weit auseinander liegenden Möglichkeiten und unterbindet eine Feinabstimmung. Ein Schöffengericht mit einigen wenigen Personen kann dagegen zum Beispiel wie in den Vereinigten Staaten von Amerika eine Zwischenstufe zwischen zwei distinkten und einem kontinuierlichen Spektrum von Wahrheitswerten darstellen. Je pluralistischer eine Gesellschaft ist, umso feiner kann die Abstimmung sein.

Wahlen nach einem System mit einer beschränkten Zahl von Parteien stellen bereits eine Einschränkung der im Prinzip beliebig viele Möglichkeiten eröffnenden pluralistischen Verhältnisse dar, ebenso auch die sogenannte Basisdemokratie mit einer praktisch immer beschränkten Zahl von Anwesenden. Erstere Methode wird zur Vereinfachung in großen (nationalen) Gebieten benutzt, letztere hat eine sinnvolle Bedeutung nur im kleinen (kommunalen) Bereich.

Zusammenfassend halten wir fest, dass rekursive Philosophie sehr wohl sinnvolle Beiträge zum Verständnis und zur Lösung moderner Konflikte leisten könnte. Wichtige Voraussetzung ist jedoch eine ausgewogene breite, bislang durchaus nicht übliche Einbeziehung aller menschlichen Bereiche ohne Beschränkung auf reine Rationalität. Die wichtigste praktische Methode ist die abwägende Suche im Nahbereich, etwa durch bestmögliches Einhalten eines Mittleren Weges oder durch Meditation oder ausgewogenes mitfühlendes Leben, jedoch unter Vermeidung von Tabuisierung und Einseitigkeit, wozu auch die Beschränkung auf Rationalität gehören würde.

Verweigerung

Die radikale Forderung nach bedingungsloser Befehlserfüllung unter Ausschaltung eigener Entscheidung im Nahbereich hat häufig in aller Welt die schrecklichsten Verbrechen zur Folge gehabt. Konsequente Verweigerung ist nicht weniger als das glatte Gegenteil davon und nicht minder fundamental, wenn auch die Folgen nicht im ersten Augenblick als gleichermaßen gravierend ins Auge springen. Eine wesentliche Voraussetzung, die eine bedingungslose Befehlserfüllung überhaupt erst möglich macht, ist die zumindest überwiegende Verweigerung des größeren Teils einer Bevölkerung, etwas dagegen aktiv zu tun.
Bei der bedingungslosen Befehlserfüllung wird verlangt, dass das betreffende Individuum sich *vollständig* den gestellten Anforderungen unterwirft. Dies wird einerseits durch eine angebliche Unterstützung durch die Mehrheit der Betroffenen begründet, andererseits aber auch durch vorsätzliche Ideologisierung untermauert. Vollständig bedeutet, dass

sowohl eine geistige wie auch eine gefühlsmäßige Unterwerfung, aber auch eine Unterstellung im Machtverhältnis und in den ausgeübten Tätigkeiten zu erfolgen hat, wobei es sich eigentlich immer um Bereiche dualer Art mit beidseitigen Extremen handelt, innerhalb von welchen man wählen kann. Entsprechend, wie Lebewesen durch ungesunde Nahrung oder aber durch Nahrungsentzug geschädigt oder gar umgebracht werden können, kann Verweigerung auch auf verschiedene Art erfolgen, nämlich entweder durch Suggerieren von anderen nicht guten Verhaltensweisen oder durch den Entzug von lebenswichtigen Grundbedingungen.

Privates und öffentliches Leben entsprechen und bedingen sich dabei einander. Typische Verhaltensweisen im privaten Beziehungsleben und in der Auseinandersetzung zwischen politischen Gruppierungen zeigen verblüffende Parallelen. Diese können wiederum all die oben erwähnten Bereiche betreffen, welche sich übrigens auch bei höheren Tieren schon weitgehend nachweisen lassen.

Dass Menschen eine jeweilige Situation bewusst hinterfragen und damit weitaus besser als Tiere lösen können, geschieht jedoch erst zunehmend in modernen Gesellschaften und auch noch weitaus nicht perfekt, wiederum sowohl im privaten wie auch im öffentlichen Bereich. Es handelt sich also um wichtige Lernprozesse, die erst angelaufen und bei weitem noch nicht abgeschlossen sind.

Höher entwickeltes Leben braucht also alle vier durch Kopf, Oberleib, Unterleib und die Extremitäten des Körpers symbolisierte Bereiche.

Auffälligerweise führen Menschen aber auch im Gegensatz zu den meisten Tieren Kriege von ganzen Gruppen, sprich: Völkern, gegeneinander.

Das kommt bei Tieren allem Anschein nach fast nur bei Schimpansen, also besonders hoch entwickelten Tieren vor.

Neuere Untersuchungen im Kongo-Gebiet zeigen aber, dass die auf der einen Seite des für die Tiere nicht überquerbar breiten Flusses lebenden Schimpansen unter mangelnden Ressourcen leiden, Die fast artgleichen Bonobos auf der Südseite des Kongo leben im Allgemeinen friedlich miteinander. Dort gibt es bei weitem reichlicher Nahrungsmittel, so dass Ressourcen als Kriegsgrund ausscheiden. Das färbt auf das individuelle Verhalten der beiden Tierarten ab.

Ressourcen

Entsprechendes gilt ganz offensichtlich auch für die Menschen. Je weiter sie sich entwickeln, umso mehr breiten sie sich über die gesamte Erde aus. Die benötigten Ressourcen sind nicht mehr nur lokal und zum jeweiligen Zeitpunkt beschränkt sind, sondern generell. Die Vorstellung, dass diese in entscheidendem Maße von außerhalb der Erde herbeigeschafft werden könnten, stellt sich sehr schnell als trügerisch heraus. Damit wird aber die Auseinandersetzung um Ressourcen zum eigentlich entscheidenden Thema. Kann diese „von oben her", d.h. durch Festsetzungen fundamentaler Art geregelt werden? Oder ist dies auch eine Frage, die ihre Lösung im Nahbereich finden muss?

Wieder ist naheliegend, dass die Lösung durch Abwägen zwischen den beiden Extremen zu suchen ist. Das bedeutet Kompromisse und erfordert vor allem Überlegungen, wie diese zunächst einmal theoretisch und dann in der Praxis gefunden werden können. Diese zuerst in der Praxis zu suchen würde mit quasi Sicherheit gewaltsame Prozesse einschließen, so dass theoretischen Erwägungen ein weit größerer Spielraum und größere Bedeutung beigemessen werden sollte.

Ist die Stunde einer alternativen modernen, d.h. Human- und Naturwissenschaften umfassenden Philosophie gekommen, der wie einst in der Antike wieder ein entscheidender Platz gleichermaßen im Privaten wie in der großen Politik eingeräumt werden muss? Die geringe Akzeptanz der bisherigen Philosophie sowohl im öffentlichen wie auch im privaten Bereich steht sehr wahrscheinlich mit ihrem Rückzug auf Rationalität in Zusammenhang.

Doch zum Beispiel zusätzlich zu Bedeutung kommendes „Bauchgefühl" und „Stallgeruch" müssen nicht im Gegensatz zu Rationalität stehen, sondern können durchaus sinnvolle Erweiterungen ergeben.

Es geht dabei sicher nicht unwesentlich darum, zu bestimmen, was der jeweilige Nahbereich ist und wie jeweils dort die Meinungsbildung erfolgt. Das wird nur möglich sein, wenn gleichsam an beiden Enden angesetzt und das aufeinander abgestimmte Ergebnis wirksam umgesetzt wird. Was beinhaltet das?

Der entscheidende Punkt ist die konsequente Vermeidung von Fundamentalismen hier und dort. Fundamentalismen im Privaten sind dogmatische Glaubensgrundsätze, vor allem, aber nicht ausschließlich vertreten von praktisch allen institutionalisierten Religionen, und werden durch die Förderung der Naturwissenschaften und damit einhergehende Säkularisierung reduziert. Fundamentalismen im öffentlichen Bereich betreffen dagegen in erster Linie die großen Nationen und insbesondere die Dachorganisation, nämlich die Vereinigten Nationen.

Letztere auf Fundamentalismen zu durchforsten und so schnell wie möglich und in möglichst großen Gebieten davon zu befreien ist vielleicht die größte Zukunftsaufgabe, die jetzt der Welt gestellt ist und von deren Gelingen wohl das

Überleben der gesamten Menschheit abhängen wird.

Diese Aufgabe kann nicht mit einer gleich mitzuliefernden Lösung geschafft werden. Aber dennoch gibt es bereits in diese Richtung zielende Ansätze, die ebenfalls rekursiv verbessert werden müssen. Ein eigener Vorschlag war bereits, das Wahlrecht für die Vollversammlung der Vereinigten Nationen zu reformieren, indem so viele Wahlkreise auf der Welt bestimmt werden, wie jene Versammlung Abgeordnete haben soll, und diese Wahlkreise so festzulegen, dass alle innerhalb einer nicht zu großen Marge die gleiche Einwohnerzahl haben. Eine zweite Kammer sollte zusätzlich vorhanden sein, in welcher die Zahl der Abgeordneten nach der Wirtschaftskraft bestimmt wird. Ein Zweikammersystem hat sich bereits weltweit bewährt und wird hier nur modifiziert, um den alten Streit über die Priorität entweder der Einwohnerzahl oder der Wirtschaftskraft bei der Entscheidungsfindung zu entschärfen. Diese oft vielleicht sogar bewusst nur unklar aufgezeigte Situation blockiert zurzeit die sinnvolle Weiterentwicklung der Vereinten Nationen und damit eine Lösung der grundlegenden weltweiten Konflikte.

Verfolgung

Bei Raubtieren dient Verfolgung fast ausschließlich dem Lebenserhalt. Erste Kriege mit Verfolgung ganzer Populationen kommen wie gesagt erst bei Schimpansen wegen mangelnden Ressourcen vor.

Bei der frühen Entwicklung der Menschen fehlen Bindeglieder zu den Affen. Diese sind offensichtlich systematisch verfolgt und ausgerottet worden. Das kann nur durch Menschen geschehen sein. Auf diese Weise, also durch Verfolgung, setzt sich eine neue Art durch, was nur in einer gewissen Abgeschiedenheit und im Prinzip unbemerkt geschehen kann. Das Thema zu diskutieren ist gerade in Deutschland höchst gefährlich wegen bekannter schrecklicher Dinge, welche "neben 50 Millionen anderer Menschen" auch 5 Millionen Juden das Leben kosteten. Die roten Warnlampen "Rassismus" und "Darwinismus" blinken.

Verfolgung wird vor allem im Nahbereich wahrgenommen. Wenn irgendwo in der Ferne jemand verfolgt wird, erhält dies im Allgemeinen keine Aufmerksamkeit. So wird die Verfolgung der Armenier als ein Problem der Armenier und ihrer Nachbarn gesehen. Die Verfolgung der Juden wurde ebenso weitgehend nur in dem betroffenen Gebiet in ihrer vollen Tragweite erkannt, und so etwas wird auch in Zukunft ähnlich weiter so verlaufen, falls nicht die Kommunikation über die ganze Welt ausgedehnt wird, was heute eben zum ersten Mal vor allem per Internet möglich ist.

Damit stellt sich aber die neue Frage, ob eines Tages die gesamte Menschheit ausgerottet werden kann, und wer etwas dagegen zu sagen in der Lage wäre.

Man stelle sich das Szenario vor, dass ein Forscherteam insgeheim eine bessere Menschensorte gezüchtet hat, also eine stärker durchsetzungsfähige z.B. mit Flügeln,- die immer wieder auftauchende Vision von Birdmen. Wenn diese tatsächlich in einem Teil der Erde die Überhand gewonnen haben, würde die neue Population es gewiss vor allem darauf anlegen, die bisherigen Menschen, die ihnen sicher Probleme machen werden, zu eliminieren. Damit wird Verfolgung zur Apokalypse der jetzigen Menschheit, aber wir haben keine Ahnung, was dann kommen wird. Könnten besagte Birdmen eine bessere Gesellschaft aufbauen, oder würden diese nach Art der Raben zunächst einmal zu alles fressenden Nomaden? Doch da ist eine kleine Fehleinschätzung im Spiel, denn tatsächlich sind die meisten Raben intelligente monogame Vögel. So what?

Wenn Fragen der wesentliche Unterschied zwischen Mensch und Tier ist, stellt sich die Frage nach dem Fragestellen, was wieder ganz stark nach rekursivem Vorgehen „riecht". Durch das Stellen von Fragen beginnt wohl das, was wir heute Kultur nennen. Kultur ist natürlich eine Bezeichnung, die ursprünglich aus der frühen Landwirtschaft stammt. Ein gewisser Teil derjenigen damaligen Menschen, die einst als

Sammler lebten, begann den systematischen Anbau von Nahrungsmitteln offensichtlich, nachdem sie sich entsprechende Fragen gestellt hatten. Die folgenden Schritte waren gewiss wie zumeist eine Anwendung des iterativen Prinzips "error and trial", welches im Grunde noch heute praktisch jeder Züchter anwendet und mit oft grausamer Selektion rekursivem Vorgehen nicht unähnlich ist. Perfider Weise haben die Menschen dieses Verfahren von den Pflanzen auf die Tiere übertragen. Das konnte aber nur einigermaßen bedenkenlos geschehen, wenn sich die Menschen gründlich von den Tieren distanzierten. Diese Aufgabe wiederum übernahmen gewiss zu einem erheblichen Teil frühe Formen von institutionalisierten Religionen, zum Beispiel bisweilen mit grausamen Schlachtriten oder in jüngerer Zeit durch Mutagenisierungen.

Zur Beurteilung solcher Fragen ist ein unvoreingenommener Standpunkt ohne vorweg genommene Bevorzugung der einen oder der anderen Seite wichtig. Dies berührt die parteiische Einstellung des europäischen Kontinents zum Christentum, welches in allen Konfessionen überwiegend eh und je die Unterschiede von Mensch und Tier gewaltig aufgebauscht hat, wie heute recht gut nachvollzogen werden kann. Demgegenüber hat das von einem nicht institutionalisierten Buddhismus vertretene Bild eines Mittleren Weges, den jeder an jedem Ort und in jedem

Moment selbst z.B. durch Meditation suchen kann, weitaus größere Überzeugungskraft, falls wir auch dort in Asien von konfessionsartig festgelegten Strömungen wie Theravada oder Mahayana absehen. All solche Polarisierungen haben generell zu grimmigen Auseinandersetzungen geführt. Es darf daran erinnert werden, dass in Deutschland beim Dreißigjährigen Krieg zwischen Katholiken und Protestanten in weiten Gebieten ein höherer Prozentsatz von Menschen ums Leben gekommen ist als im Zweiten Weltkrieg. Dasselbe gilt momentan ähnlich für die Kämpfe zwischen Sunniten und Schiiten im Vorderen Orient.

Damit wären wir beim jeweiligen aktuellen Tagesgeschehen, vor welchem weder die einzelnen Menschen noch die sie erfassenden Organisationen die Sinnesorgane verschließen können oder dürfen. Der nächste Schritt müsste generell eine langsame rekursive Annäherung an ein im Nahbereich für vorziehenswert gehaltenes Ziel sein.

Alternative Philosophie

Rationale Philosophie, wozu in erster Linie die an den Hochschulen vertretene Philosophie zählt, ist gewiss nicht falsch. Doch sie erfasst nicht alle menschlichen Bereiche. Wenn auch irrationale Bereiche einbezogen werden, erhalten wir Erweiterungen, die sehr wesentlich sein mögen. Diese können wir sinnvollerweise Alternative Philosophie nennen. Nach den vorherigen Ausführungen handelt es sich dabei um die nicht notwendigerweise vom Kopf gesteuerten Bereiche, welche wir den anderen Körperteilen zugeordnet haben Die Tatsache, dass diese Bereiche über Nervenverbindungen mit dem Kopf in Verbindung stehen und also zum Beispiel häufig Rückmeldungen zum Gehirn erfolgen, besagt absolut nicht, dass sie dadurch notwendigerweise rational sind.

Die rational genannte Vernunft lässt sich aber nicht nur durch Bereichszuordnung charakterisieren, sondern auch durch die den Gehirnfunktionen zugrundeliegenden Elemente, also unter anderem oder sogar zu einem wesentlichen Teil durch die schaltende Funktion von Synapsen. Diese sind nicht einheitlich alle vom gleichen Typ und wirken auch nicht alle auf die gleiche Art. Grob gesagt dienen sie sowohl der Übertragung von Signalen wie auch der Übertragung von Erregungen, und sie können elektrisch oder chemisch wirken. Mit diesen Feststellungen ist zwar kein strenger Beweis gegeben, dass manches sich nicht rational erfassen lässt, aber es erscheint sofort als hoch wahrscheinlich und entspricht auch wohlbekannten Erfahrungen zahlreicher Menschen, dass sich vieles eben nicht rational erfassen lässt.

Die auch als irrational zu bezeichnende Forderung nach Rationalität scheint vor allem ein Herrschaftselement zu sein, mit welchem sich die Vertreter dieser Tendenz auf eine hierarchisch höhere Stufe stellen wollen. Das berührt die Vormachtstellung von Akademikern, welche im Laufe der Zeit durchaus vergleichbare Formen wie seinerzeit diejenige von Adligen annimmt. Brauchen wir eine neue Form von Säkularisierung, eine Neosäkularisierung?

Diese Ansicht kommt einer Neubewertung der Bedeutung der nicht vom Kopf gesteuerten Bereiche gleich. Diese drücken sich traditionell vor allem in Religiosität und Kunst im weitesten Sinne aus. Sie gehen über institutionelle Schranken hinaus und beziehen alle Medien ein,- aus sämtlichen Teilen der Welt und von antiker Kunst und Literatur bis hin zu zukunftsweisenden Multimedia.

Wichtig erscheinen der bei weitem noch nicht geklärte Zusammenhang und die begriffliche Abgrenzung von Irrationalem und Imaginärem. Irrationalität ist eine Bereichszuordnung, also zum Beispiel zu verschiedenen Körperteilen, während das Imaginäre die zeitliche Komponente und die für sie eigentümlichen Singularitäten hervorhebt.

Irrationale Überschreitungen der Zuordnung zu Bereichen werden als Tabubrüche wahrgenommen, wenn etwa Gefühle zu viel oder zu wenig Energie bekommen (psychische Probleme) oder wenn Sex und Macht auf unübliche Weise interferieren oder wenn Aktivitäten und Fortbewegung bzw. Ausbreitung miteinander ins Gehege geraten, vor allem bei militärischen Konflikten. Diese sind nicht streng messbar, sondern nur statistisch zu erfassen

Nicht-kontinuierliche zeitliche Übergänge werden dagegen als singulär wahrgenommen und können als Einzelvorgang nicht statistisch beschrieben werden, sind aber individuell lokalisierbar und in ihrer Auswirkung bestimmbar, zum Beispiel Geburt und Tod oder Schöpfung und das mögliche Ende der gesamten Welt oder von Teilen von ihr. Auf diese und jene solche „Übliche Grenzüberschreitungen" wurde unter diesem Titel bereits an anderer Stelle eingegangen.

Die Begriffe Raum und Zeit werden also selbst relativiert. Aus dem Raum der Natur wurde unter anderem der Raum von Kultur hergeleitet. Aus dem Begriff der Zeit ergeben sich zurückschauend der Begriff der Generation und noch weiter zurück, aber den meisten Menschen schon zu abstrakt, wohl die Quantenzahlen, welche im Elementarbereich nicht-kontinuierliche Übergänge charakterisieren (sogenannte „Quantensprünge"). Vorausschauend dagegen haben wir es gewiss mit dem Phänomen der Intuition zu tun, welches ebenfalls klare Grenzüberschreitung

beinhaltet.
Dahinter stehen wohlbekannte andere große Konflikte, welche hier zum Schluss nur erwähnt werden sollen, aber gewiss ähnlich relativiert werden können, nämlich diejenigen zwischen Ganzheitlichkeit und Logik, zwischen analoger und digitaler Datenverarbeitung, und zwischen östlicher und westlicher Kultur. All diese Auseinandersetzungen sollten wir im Prinzip mit der vorgeschlagenen Alternativen Philosophie angehen können, und zwar ausdrücklich, um ausgleichende Positionen zu finden, und nicht, um Konflikte anzuheizen.

Civis modern

Ein Civis ist kein Zivi

Civis bedeute Bürger, besagt ein lateinisches Lexikon. Unter Civis können jedoch heutzutage konkreter sowohl Menschen verstanden werden, die als Abhängige, aber auch als Leitende eine verantwortliche Rolle haben. Das gilt gleichermaßen für eine Gemeinschaft ohne klare Struktur als auch in Gesellschaftsformen mit einer solchen Struktur bis hin zu den Bürgern im hierarchisch geordneten staatlichen Bereich.

In einer sich einerseits immer weiter öffnenden und andererseits immer komplexeren Welt stehen diese Bürger weithin vor zunehmenden Herausforderungen in ihren Einstellungen zu den Gemeinwesen. Überbrachte Leitlinien lösen sich auf, geben Raum für diffuse Zustände und äußern sich nicht selten in Politikverdrossenheit oder auch in Strömungen, die unter der Bezeichnung Populismus subsummiert werden und ganz offensichtlich nicht von rationalem Handeln bestimmt sind. Nicht nur die Zustände, sondern auch die zur Urteilsfindung überbrachte Moral und Ethik sind fragwürdig geworden, ohne dass bislang genügende Klarheit bestehen mag, an welchen Punkten das im Wesentlichen liegt.

Ob Moral eine genetische Grundlage habe oder heutzutage kulturell begründbar sei, und ob sie vor allem deskriptiv oder eher normativ zu sein habe, diese rationalen Grundfragen tauchen an diesem Punkt schärfer als zuvor erneut auf. Bislang gingen typische Fragestellungen etwa darum, ob sie vor allem herrschende oder bürgerliche oder sozialistische Moral vertritt. Die Moral richtete sich also bislang nach den jeweiligen Betroffenen und war gewiss nicht einheitlich oder universell. Man versuchte, sie rational zu begründen, doch mit begrenztem Erfolg.

Die Ethik wird ebenfalls entsprechend neu hinterfragt, insbesondere ob sie in einer umgestalteten modernen Philosophie ihre Basis hat und ob sie sich durch die Globalisierung verändern muss. Auch hier geht es um den Grad von Rationalität und die Universalität, was von der Art der Philosophie

abhängen mag,- beispielsweise von den von ihr erfassten Bereichen und der Art der Betrachtung und Beurteilung. Auf welche anderen Bereiche,- etwa wissenschaftlicher wie auch künstlerischer oder religiöser Art,- Ethik sich bezieht, ist sicher auch nicht ohne Bedeutung.
Gibt es in diesen Einstellungen wichtige Veränderungen, in welchen Bereichen diese Auseinandersetzungen stattfinden und wo die wesentlichen Reibungsflächen sind? Die Bereiche erweitern sich sowohl in Hinsicht auf die Natur als auch in menschlicher Hinsicht. Schon die Einbeziehung von Asien, insbesondere der kulturell besonders exponierten Länder in Fernost, vor allem China und Japan, aber auch von nicht rationalen menschlichen Bereichen wie Gefühl, Sexualität und Aktivität kann die Sichtweise erheblich verändern, wenn wir sie mit derjenigen der etablierten und vorzugsweise an den Hochschulen vertretenen Philosophie vergleichen.
Eine derartige, auf präferenziell rationaler Logik begründete Philosophie gibt es in Asien überhaupt nicht. Dennoch verfügt insbesondere das fernöstliche Asien durchaus über eine zusammenhängende Kernkultur. Diese besteht aber nicht etwa nur darin, dass zur westlichen Philosophie beispielsweise einfach die goldene Regel der Gegenseitigkeit von Konfuzius dazu genommen wird. Unabhängig davon, was wir unter Philosophie

verstehen, lässt sich vor allem eine starke Abhängigkeit von der jeweiligen Sprache konstatieren, solange es sich nicht um eine stark abstrahierte Art von formaler Philosophie mit einer eigenen konstruierten Sprache handelt. Die Struktur der fernöstlichen Sprachen unterscheidet sich jedoch grundlegend von derjenigen im westlichen Kulturbereich, vor allem wiederum im Grad der integrierten Logik bzw. der Ganzheitlichkeit.

Zu welchem Grad aber eine Kultur von Logik oder eher von Ganzheitlichkeit bestimmt ist, das wird zwar bei einem Vergleich von westlicher mit fernöstlicher Kultur besonders deutlich, doch in zunehmendem Maß wird dies auch bereits innerhalb der westlichen und auch innerhalb der fernöstlichen Kultur sichtbar. Ist Populismus nur einfach eine verdammenswerte Strömung oder steckt dahinter das wachsende Bedürfnis, nicht alles logisch sehen zu wollen, sondern auch unter anderen Gesichtspunkten, welche sich eben unter dem Begriff von Ganzheitlichkeit erfassen lassen? In umgekehrter Form regen sich in Fernost mehr und mehr Stimmen, welche stärker für ein mehr logisch bestimmtes Verhalten eintreten, zum Beispiel für die westliche Form der von Logik bestimmten Menschenrechte.

Es gilt also einen Ausgleich zwischen diesen verschiedenen Strömungen zu finden mit der durchaus realen Möglichkeit, auch hier in

Form eines mittleren Weges erheblich zur Konfliktvermeidung und zur Schaffung von ausgleichenden Lebensformen beizutragen. Dieses ist ein Weg, der gewiss zuerst im kulturellen Bereich gegangen werden müsste, aber dann auch starke Auswirkungen etwa auf politische Verhältnisse haben könnte.

Bürger und Nomaden

Menschen einer Gruppe,- ganz egal, ob das eine Gemeinschaft ohne klare Struktur oder eine Gesellschaft mit einer Struktur ist,- können entweder innerhalb der Gruppe aktiv oder passiv in Beziehung treten, oder sie können von oder nach außen entsprechenden Wechselwirkungen sowohl materieller als auch ideeller Art unterworfen sein. Einfacher, aber weniger präzise und umfassend gesagt,- Warenaustausch und ebenso Kommunikation innerhalb der Gruppe und auch mit Außenbereichen definieren diese und bewirken damit Identitätsbildung. Dies setzt die Bildung einer Grenze voraus.

Diejenigen innerhalb der Gruppe, die das in ständigem Kontakt untereinander tun, seien Bürger genannt. Dagegen seien jene, welche sich außerhalb befinden und nur gelegentlich mit der Gruppe in Kontakt treten, in einem modernen Sinn Nomaden genannt. Beide Teilgruppen können und müssen vielleicht sogar eine Gemeinschaft bilden. Schon die Römer lernten den Wert beider Teilgruppen schätzen für etwas, das sie Zivilisation nannten, und prägten für sie gemeinsam die Bezeichnung Civis.

Civis sind also im hier verwendeten Sprachgebrauch Bürger und Nomaden gemeinsam, und der Begriff beinhaltet die gegenseitige Anerkennung der beiden Teilgruppen, welche damit eine Civitas bilden und das begründen, was heutzutage Zivilisation heißt. Ganz wesentlich war und ist auch weiterhin, dass diese zwei Teilgruppen miteinander in Kontakt stehen, sich vielleicht sogar vermischen und so umfassender leben können. Die Römer empfanden dieses nicht nur einfach als Ausdruck einer neuen Zeit, die damals angebrochen war, sondern als gewiss heute noch genauso bestehende Möglichkeit, zusätzliche Erfahrungen und dadurch auch besseres Verständnis für ihr Leben zu bekommen.

Leben,- was gehört zum Leben dazu? Ohne sofort am Anfang in Definitionen oder Tiefsinn versinken zu wollen, sei doch auch gleich die Fragwürdigkeit der Abgrenzung dieses Wortes mit ins Spiel gebracht.

Spiel,- was schließt denn nun dieser Begriff ein? Wenn wir derart weiter Fragen aneinander reihen, drehen wir uns im Kreis, was aber nicht von vornherein etwas Schlechtes ist. Denn sowohl Tänzer als auch Liebhaber von rekursiver Annäherung an angeblich oder tatsächlich unerreichbare Ziele mögen es beide, sich im Kreis zu drehen. Doch aufgepasst! Um einen genauen

Kreis muss es sich nicht handeln. Vielleicht bewegt sich sein Mittelpunkt langsam oder es ist in Wirklichkeit eine nur schwach ausgeprägte Ellipse oder eine Spirale. Gerade in einer kleinen Abweichung, in der Quantenmechanik der Avantgarde vor hundert Jahren als Störung bezeichnet, liegt vielleicht die Würze,- übrigens auch diejenige eines schönen Tanzes.

Der spannende Moment,- das ist ebenfalls solch ein vages Wort, über welches Heisenberg in Kenntnis der Unschärfebeziehung nur lächelt,- liegt gewiss im Grenzübergang zwischen verschiedenen Welten. Welten? Nicht gleich zu viele Fragen! Oder doch? Gibt das den an Logik orientierten Menschen ein Gefühl für die Komplexität jener Welten, um was auch immer es sich bei ihnen handeln möge?

Konzentrieren wir uns auf besagte Grenzübergänge. Sie bestehen, logisch gesehen, aus einer Grenze und einem Übergang. Eine Grenze stellt einen Sprung in der Kontinuität dar. Der Übergang beinhaltet Kontrollen, die alles und jedes betreffen können. Doch lässt sich das logisch derart voneinander trennen?

Im Westen wird Logik zu einem höheren Börsenwert gehandelt als insbesondere im Fernen Osten, wo die Kinder im Dschungel der Holistik aufwachsen. Auch zwischen diesen beiden Welten gibt es eine Grenze, welcher sich im Zeitalter erhöhter Mobilität immer mehr Menschen bewusst werden. Was lässt sich denn mit einfach verständlichen Worten,- ja, auch an Worten kann man zweifeln!- wenigstens über menschliche Grenzen sagen? Denn sich gleich mit allen natürlichen Welten zu beschäftigen ist wohl zu viel verlangt, obwohl zumindest für die Welten der höheren Tiere ebenfalls mit Nachdruck mehr Berücksichtigung verlangt wird.

Diese Art, Dinge unabhängig zu hinterfragen und, wenn es keine sofortige Antwort gibt, sie einzukreisen und sich so geduldig einem besseren Verständnis zu nähern, anstatt sich mit vorgegebenen Antworten zufrieden zu geben, mag eine modernere Form von Aufklärung beinhalten. Kant verstand dieses Wort nur rational als „Ausgang aus einer selbstverschukldeten Unmündigkeit" und damit als Beginn einer neuen Zeit. Als philosophisches Ziel mag es heute einen allgemeineren Sinn haben, der über reine Rationalität hinaus geht, ohne diese jedoch für falsch zu erklären. Die Hinzunahme weiterer Lebensbereiche gibt damit dem Wort modern einen speziellen Sinn, der an diesem Punkt auf die genannte Gemeinschaft von Bürgern und Nomaden bezogen wird. Was wir in diesem Zusammenhang Civis modern nennen können, ist also ein zwischen Logik und Ganzheitlichkeit abgewogenes Verständnis von Menschen innerhalb und auch außerhalb der Grenzen ihrer eigentlichen Gruppe.

Grenzen

Grenzen sind offensichtlich höchst wichtig, was nicht allein eine Erkenntnis der Osteuropäer ist und auch nicht heißt, dass man beim Auftreten von sogenannten Problemen gleich Grenzen neu errichten oder dichter machen muss. Aber man kann es. Wie steht das nun mit den Grenzen zwischen Bürgern und Nomaden oder zwischen Ost und West? Fragen wir zunächst nach den Grenzen selbst und noch nicht nach demjenigen, was sie eingrenzt oder ausschließt und damit die Identität betrifft.

Alle Grenzen haben gemeinsame Charakteristiken, die sich am einfachsten und ohne Vorurteile an Modellvorstellungen erkennen lassen. Bewährt für solche Zwecke, aber nicht sehr beliebt ist die Mathematik. Sie liefert bereits grundlegende Vorstellungen über die "automatische" Entstehung von Strukturen unter gewissen Bedingungen. Zwischen diesen sollen, wiederum "automatisch", Grenzen entstehen, welche also demnach ein Naturphänomen sind.- einfach ein vorgegebener Teil der *ganzen* Welt. Letztere wiederum wird Universum getauft im Unterschied zu Teilwelten wie beispielsweise Galaxien, der Erde, Liebe und Freiheit, bis hin zu einzelnen Elementarteilchen. Universum ist als Name nicht vorbelastet wie etwa der ebenso mögliche Name Gott. Der mögliche Bezug zum Menschen soll an dieser Stelle außer Acht gelassen werden.

Dagegen könnte es zunächst sinnvoller sein, jene Mathematik zu hinterfragen, welche vielleicht nicht ganz zu Unrecht vielen Menschen recht suspekt und zumindest unverständlich vorkommt. Es wird behauptet, aus obigen automatischen Vorgängen würden zunächst eben Automaten entstehen, aus welchen dann "Stück für Stück" alles Andere entsteht. Das Andere sind dann, nach zunehmender Komplexität sortiert, Elementarteilchen, Atome, Moleküle, Kristalle, Enzyme, Bakterien, Tiere, Menschen, oder nach abnehmender Komplexität sortiert, Schwarze Löcher, Galaxien, Sternsysteme, Planeten, die Erde, Lebewesen. Das Universum ließe sich also durch Rekursion von dieser oder jener Seite her verstehen, und am Schnittpunkt solcher Beschreibung stehen wir, die Menschen.

Die Vorbehalte gegen jene Mathematik mögen sehr sinnvoll sein, denn sie riecht nach Logik, und Logik erfasst genauso wie die mit ihr in engem Zusammenhang stehende Rationalität gewiss nicht Alles im Leben. Alles klingt sehr ähnlich wie Allah, und es mag sein, dass die Moslem nicht ohne Grund sagen, von Allah solle und könne man sich kein Bild machen.

Weil diese Mathematik in ihrer traditionellen Form Komplexität nicht schon in ihrer

Axiomatik integriert, wurde in vorangehenden Veröffentlichungen bereits gefordert, dass jene fragwürdige Mathematik durch eine "Fraktomatik" ergänzt werden müsste, welche auf den ominösen Fraktalen beruht, die bereits seit etwa einer Menschen-Generation nicht nur Mathematiker und Naturwissenschaftler, sondern auch Künstler und religiöse Menschen mit zunehmender Intensität beschäftigen.

Eine solche Fraktomatik, eine Art alternativer Mathematik, welche nicht von logischen Strukturen ausgeht, sondern von komplexen Strukturen und sich zunächst gut zu deren Beschreibung eignet, zu einem praktisch anwendbaren System weiter zu entwickeln dürfte gewiss eine sinnvolle Aufgabe sein und könnte zu einer neuen, vielleicht gar nicht so neuen Art von Technik führen. Auf Fraktalen beruhende Computer-Malprogramme oder Architektur wie diejenige von Zaha Zadid geben davon bereits einen beeindruckenden Vorgeschmack. Derartige Ergebnisse von fortschrittlichen Mathematikern und Künstlern können durchaus spirituelle Bereiche eröffnen, ohne in Esoterik zu verfallen. Dies entspricht dem im Rahmen von ARS-UNA.net vertretene Ziel, Religiosität, Kunst und Wissenschaften in eine moderne Beziehung zu setzen. Wie bereits gesagt, mag „modern" mit der Beziehung zwischen Bürgern und Nomaden zu tun haben.

Logik und die auf ihr beruhende klassische

Mathematik eignen sich für die Untersuchung und Erstellung von isolierten Einzelsystemen, im Prinzip also von Maschinen und allen mit klassischer Technik beherrschbaren Systemen. Die heutige große Herausforderung liegt in komplexen Systemen, die sich zwar mit statistischen Methoden der klassischen Mathematik schließlich auch in nicht schlechter Näherung erfassen lassen, doch nur mit enormem und oft unzureichendem Aufwand und weder vollständig noch ein wirkliches Verständnis erzeugend. Es werden langwierige iterative Verfahren benutzt, wie beispielsweise bei der Berechnung von Flügelprofilen von Flugzeugen, ohne jedoch auch nur annähernd an die Einfachheit der Vorgänge an einem Flügel eines natürlichen Vogels heranzukommen.

Eine sehr wichtige Erkenntnis, welche auch dem viel gerühmten gesunden Menschenverstand entspricht, ist dabei, dass es im Wesentlichen nur auf den Nahbereich ankommt, also auf benachbarte Elemente oder bei höherem Entwicklungsstand auf benachbarte Lebewesen. Letztere bilden Gemeinschaften, ohne dass bereits eine Struktur angenommen werden muss. Sobald auch fixierte Strukturen auftreten oder sich durchsetzen, sprechen wir von Gesellschaft. Wenn letztere nur von einer Stelle aus gesteuert wird, also ein Alleinvertretungsanspruch erhoben wird,

nennen wir sie Staat.
Dieses sind die ersten Anfänge einer Soziologie, welche besonders deutlich an den Unterschieden zwischen einem Ameisen- und einem Bienenstaat illustriert werden können. Ameisen haben nur drei Spezies, nämlich Männchen, Weibchen und Königinnen, wohlgemerkt nicht nur eine einzige. Die Bienen haben dagegen vier Spezies, nämlich Arbeiter, Soldaten, Drohnen genannte Männchen und ein einziges Weibchen, die Königin. Damit sind sie ein gegenüber dem in der Natur existierenden dreidimensionalen Raum "überbestimmtes" System, was zur Folge hat, dass Grenzen etabliert werden müssen, eben die bekannte Wabenstruktur. Grenzen werden also bei "zu hoher" Komplexität notwendig, was durchaus auch im Fall der Osteuropäer gelten mag.
Bleiben wir jedoch an diesem Punkt bei den Ameisen und Bienen. Ameisen orientieren sich nur an ihren Nachbarn und bilden mit diesen eine Gemeinschaft zum gemeinsamen Nutzen im modernen soziologischen Sinn, während Bienen bereits eine Hierarchie entwickelt haben und in diesem Sinn schon eine Gesellschaft bilden, die Staat genannt wird und dessen Nutzen sich quasi verselbständigt, aber dennoch nicht im Rahmen eines braven Marxismus *völlig* beschreiben lässt, weil dessen Genese aus der Natur nicht erfasst wird.

Evolution und Kultur

Während das "eigentliche" Entstehen von Allem und Jedem Entwicklung genannt sei, bezeichnen wir die Entstehung einer neuen lebendigen Art als Evolution. Im Laufe dieser Evolution bilden sich bereits bei Tieren Intelligenz und Bewusstsein heraus. Vögel bringen erstaunliche Leistungen durch Schwarmbildung zustande, Säugetiere bilden ebenso erfolgreich Rudel, aber immer handelt es sich um den Nahbereich, wo zwar durchaus auch bereits die Tendenz zu hierarchischen "Gesellschaftsformen" erkennbar wird, vor allem durch Leittiere. Doch den Durchbruch zur Gründung von Staaten, die über den Nahbereich hinausgehen, schaffen erst die Menschen. Das ist ein schrittweiser Vorgang. Erst erfolgt die an Ausbeutung von Ressourcen gekoppelte Entwicklung von Wirtschaft, dann die Schaffung von Abgaben- und Steuersystemen, und schließlich der Aufbau von Militär und Kriegsführung. Mesopotamien, Griechenland und Rom heißen die wichtigsten Schauplätze.

Militär und Krieg sind wegen der üblen Begleiterscheinungen keine großartige Erfindung, sondern sollten so weit wie möglich eingeschränkt und durch das Medikament Kultur ersetzt werden. Kultur beinhaltet nicht nur zwei Ingredienzien, wie eben zum Beispiel Militär und Krieg, zwischen denen nur ein dauerndes Hin und Her erfolgt, sondern deren Drei, nämlich Wissen, Verhalten und Kreativität. Mehrfach wurde in vorliegenden Texten bereits darauf hingewiesen, wie wesentlich die Schaffung von Stabilität durch genau drei Basiskomponenten ist.

Anfangs wurden diese drei Anteile nur innerhalb der betreffenden Gruppe entwickelt, die damit sozialen Charakter annahm, aber auch eine Tendenz zu Indoktrinierbarkeit und Konformität. Diese Tendenz blieb oft in ihrer Bedeutung unerkannt, vernachlässigt oder verdrängt. Doch an entscheidenden Punkten,- und auch in unserer Zeit scheint wieder solch ein Punkt gekommen zu sein,- traten wichtige Einflüsse von außen hinzu, welche jene Tendenz eindämmen könnten.

Diese Einflüsse stammen von mehreren oft ignorierten Bereichen,- aus der Vergangenheit, der Gegenwart und der Zukunft, hängen also mit der verschiedenerseits als imaginär gekennzeichneten Zeit zusammen. Gemeint sind das Animalische in uns, Nomaden außerhalb der Gruppe, und der Bereich der Fantasie, wozu Science Fiction und der Weltraum gehören. Kultur hat auf jeden Fall etwas mit durchaus tierischer Sexualität zu tun, ebenso mit der am meisten von Nomaden erfahrenen Weltoffenheit, und kommt auch nicht ohne zeitlich oder räumlich bezogene Fantasie aus. Sie ist also kein

reines Kopfprodukt und somit gewiss nicht nur rational.
Genauso, wie die Entwicklung des Faktischen, vor allem der ökonomischen Verhältnisse, von dem beschrieben wird, was wir allgemein Geschichte nennen, gibt es eine Evolution der Kultur bzw. Kulturen, die entsprechend von der Kulturgeschichte beschrieben wird.
Kultur kann nur in ihrem Wechselspiel mit Politik genügend erfasst werden. Das ging und geht eh und je etappenweise vor sich und soll hier bzw. kann hier nicht im Detail thematisiert werden. Es seien nur einige sicher nicht unwichtige Punkte genannt, an denen diese Entwicklung gewiss nicht immer nur kontinuierlich, sondern bisweilen über singuläre Sprungstellen verlaufen ist. Alle Kriege bewirken solche Sprungstellen, aber vielleicht wichtiger können manchmal, aber nicht notwendigerweise durch jene Kriege ausgelöste friedliche Beiträge sein. Genannt seien hier, ohne näher auf sie einzugehen, die Reden Ciceros im Prozess gegen Verres, die Völkerwanderungen bis hin zu jener im Jahre 2016, die Constitutio Antoniniana, die Tübinger Fehde und. in vollem Bewusstsein viele folgende Punkte nicht im Einzelnen aufzählend, bis hin zu heutzutage u.a. sogar scheinbar abseitigen Kreationen wie etwa die Wolfram Language.
Kultur hängt von Macht ab, kann aber auch Macht erzeugen. Tabuisiert ist der enge Zusammenhang von Macht und Sex.

Macht und Sex können korrumpieren. Sie müssen es aber nicht und spielen vor allem eine essentielle Rolle bei der Ausbildung oder auch dem Verlust von Eigenschaften. Zunächst sind dieses Entweder-Oder-Entscheidungen, doch dann kommt auch „Feinjustierung" ins Spiel.

Identitätsbildung

Verschiedene Gruppen, und zwar gleichermaßen Gemeinschaften, Gesellschaften und Staaten, können sich durch logisch erkennbare bzw. unterscheidbare Merkmale definieren, wie zum Beispiel lokale Merkmale oder ihr Erscheinungsbild. Es geht zumindest vorwiegend um ihr Vorhandensein oder Fehlen. Doch außerdem gibt es Eigenschaften, welche sich mit Logik nur schwer oder überhaupt nicht erfassen lassen und Ganzheitlichkeit erfordern, wozu Verhaltensweisen, Interessen und vor allem Sprache gehören. Diese lassen sich zwar auch mit logischen Methoden bzw. mit der ihr gleichkommenden Rationalität messen, aber bezeichnender Weise nur mit statistischen Methoden, welche aber generell nur approximativ und eben nicht streng logisch Situationen oder Vorgänge erfassen, die im Grunde nicht rein rational verständlich sind. Es geht also „wieder einmal" nicht nur um die im Kopf verankerten Fähigkeiten zur Wahrnehmung und gedanklichen

Verarbeitung, sondern ebenso um dem Oberleib zugeordnete Gefühle und Energie, um dem Unterleib zugeordnete Macht und Sex, und um von den Extremitäten bestimmte Aktivitäten und Fortbewegung bzw. Verbreitung.

Was definiert nun die verschiedenen aktuell existierenden Kulturen? Diese Frage kann uns wichtige neue Einsichten in die Hintergründe nicht nur der Verhältnisse in diesem oder jenem Bereich eröffnen, sondern auch enorme Bedeutung für politische Entwicklungen haben und vielleicht Lösungswege für jeweils gerade sich zeigende Krisen bieten.

Geht es bei der Identitätsfindung darum festzustellen, welche Eigenschaften in welcher Kultur vorhanden sind oder nicht? Sollen wir lernen, welche Punkte in bestimmten Gebieten oder zu gewissen Zeiten oder unter jeweiligen Umständen maßgeblich sind oder nicht? Das Wort „maßgeblich" sollte uns hellhörig machen. Geht es um ein Messen? Dieses Wort hat einen schillernden Charakter. Sich aneinander messen, wie etwa im militärischen oder abgeschwächt im wirtschaftlichen oder gar nur im sportlichen Bereich? Oder ist Messen ein in naturwissenschaftlichen Disziplinen gebräuchliches Verfahren zur möglichst genauen Bestimmung der Größe von einzelnen Komponenten? Klaffen schon wieder zwei unüberbrückbare Welten

auseinander? Bewusst wurde mit Fragestellungen die Fragwürdigkeit dieser Ansichten zur Schau gestellt.
Noch einmal seien diese beiden Welten deutlich benannt, auf die Gefahr hin, ungewollt als Missionar mit erhobenem Zeigefinger angesehen zu werden. Das mag deshalb so wichtig sein, weil diese auf völlig verschiedene Arten benannt werden können, welche jedoch generell auf dasselbe hinauslaufen mögen. Es ist der Unterschied zwischen Abstraktion und Ganzheitlichkeit, zwischen Natur- und Geisteswissenschaften, zwischen Analyse und Synthese, zwischen Logik und Komplexität, zwischen Wissenschaft und Kunst, zwischen Europa und Asien, zwischen Ost und West, von Basis- und Realpolitik, zwischen was eigentlich noch Allem? Je länger diese Reihe von gegenübergestellten Positionen wird, umso lauter kommen die Stimmen, welche rufen, dass das eben doch wesentlich verschiedene paarweise geordnete Bereiche sind, die nicht alle quasi gleichgestzt werden können.
Selbstverständlich sind diese nicht identisch. Doch sie haben ebenso selbstverständlich etwas wichtiges Gemeinsames, das wir an diesem Punkt noch schwer fassen und benennen können. Oder handelt es sich um etwas seit Urzeiten Wohlbekanntes wie etwa Ying und Yang, um dessen klare Fassung sich doch auch schon endlose Generationen mit wechselndem Erfolg bemüht haben? Ist etwa

Heisenberg schuldig, dass das wegen eben jener zwangsläufigen Unschärfebeziehung gar nicht möglich ist, wobei der Anwendungsbereich jener Beziehung noch eine ganz andere Frage ist?

In Form von aktuellen populistischen Bewegungen hat diese Frage eine zunehmende praktische Bedeutung bekommen, etwa durch Leute wie LePen, Hofer, Grillo, und durch städtische Bewegungen wie Cinque Stelle und unter Putin oder auch in deutlich vom städtischen Einflussbereich abgekoppelten Gegenden wie in ländlichen ostdeutschen oder mittelamerikanischen Gebieten und unter Trump.

Die italienische Krise um die logisch gesehen wohl durchdachten von Renzi befürworteten Reformen hat vielleicht besonders deutlich gezeigt, dass Rückhalt nur in den „rationalen Regionen" Italiens bestand, im Trentino, der Emilia-Romagna und Toscana. Ist der Grad von Rationalität das entscheidende Moment, also die vergleichsweise Stärke einerseits des Einflusses von hirngesteuerten Entscheidungen und andererseits den übrigen bereits mehrfach genannten und anderen Kürperteilen zugeordneten Bereichen?

Immer wieder kommen an dieser Stelle Einwendungen, dass zuviele Fragen gestellt und zuwenig klare Aussagen geliefert werden. Das mag jedoch symptomatische und für die Lösungsfindung wichtige Gründe haben.

Fragen und Antworten

Bislang haben sich die Menschen im Wesentlichen durch den Unterschied im Vergleich zu den Tieren definiert. Schon die in neueren kriegerischen Auseinandersetzungen immer „tierischeren" Methoden, womit meist massenhaft auftretende und nicht dem Selbsterhalt dienende und unter Tieren überhaupt nicht auftretebnde Grausamkeiten gemeint sind, zeigen die tiefe Fragwürdigkeit dieser Auffassung, welche häufig von institutionalisierten Religionen befördert wurde. Auf der anderen Seite weisen praktisch alle neueren Forschungen auf die bisherige Überbetonung der Unterschiede zwischen Mensch und Tier hin. Dieses zwar nicht völlig, doch in vielen Bereichen „gestörte Verhältnis" lässt sich sowohl rational als auch irrational erfassen, ohne hier auf die offensichtlich zahllosen Tatbestände eingehen zu wollen, welche das unterstreichen. Doch wenn dies mit beiderlei Gründen so eindeutig gezeigt und nachvollzogen werden kann, entsteht natürlich die Frage, warum das nicht tatsächlich geschieht.

Eine zumindest höchst sinnvolle, wenn auch vielleicht nicht einzig mögliche Alternative zur Definition des Menschen wäre, wie bereits erwähnt, dafür dessen Fähigkeit zu fragen herauszustellen. Ist etwa diese Fähigkeit eher unerwünscht? Sie widerspricht zwangsläufig wenigstens zu einem gewissen Grade und vielleicht sogar massiv dem Alleinvertretungsanspruch eines jeden Staates und insbesondere von absoluten Machthabern, sprich Diktatoren.

So wird bereits in diesem Text „hier und jetzt" mit voller Absicht auf Fragen als Mittel zur Schaffung von gerade dadurch als menschlich angesehener Einsicht zurück gegriffen. Das mag vorab lästig erscheinen, kann jedoch eventuell sogar aus schwer wiegenden Gründen sinnvoll sein. Denn heute hat sich weitgehend die Meinung durchgesetzt, dass es nicht eine einzige Wahrheit für alle gibt, sondern dass jeder Mensch bzw. durchaus auch jedes andere Lebewesen sich seine eigene Wahrheit in seinem eigenen Nahbereich suchen muss und natürlich darf. Das Wort „natürlich" wird an diesem Punkt sicher nicht oberflächlich gemeint. Somit kann Fragen als wichtiges Instrument zur effektiven Konfliktlösung angesehen werden, welches regelrecht trainiert werden müsste, besser als mit Millionensummen Fußball zu fördern oder gar durch Indoktrinierung und Aufrüstung gewiss nicht nur Verteidigungsbereitschaft, sondern auch Krieg.

Konzept modern

Wieder und wieder wurde Rekursion als ein

zumindest wichtiges, wenn nicht gar einziges Mittel zur bestmöglichen Lösung scheinbar unlösbarer Probleme herausgestellt. Ein Bewusstsein für diese Situation scheint durchaus latent bei allen Lebewesen vorhanden zu sein, wenn man wahrnimmt, wie diese oft mit unglaublicher Beharrlichkeit und scheinbar ohne eigenes Verständnis Ziele der verschiedensten Art verfolgen. Ist das, was wir Fantasie nennen, dabei das treibende Moment? Fantasie bedeutet ein Durchspielen von zukünftigen Möglichkeiten ohne Berücksichtigung der räumlichen Komponenten, und beinhaltet also Spekulation, welche aber bei vielen Wissensschaftlern und Gewissensgeschaftlern zutiefst verpönt ist. Doch sie umgeht zumindest tentativ die grimmigen Konsequenzen der Darwinschen Selektion.
Ganz vorne steht bei den Naturwissenschaftlern seit etwa einem Jahrhundert die Frage der Beziehung zwischen Schwerkraft und Elektrizität. Damit das ehrfurchtsvoller klingt, wird von Gravitation und Quantenelektrodynamik gesprochen und jeweils erst einmal eine eigene schwierige Fachsprache etabliert, welche angeblich die Dinge erleichtern solle. Ist das nicht ein Punkt, an welchem die als ach so altmodisch angesehene Philosophie vielleicht zu neuem Durchbruch verhelfen mag? Schon wieder eine Frage? Etwa gar noch eine Metafrage, nämlich ein Fragen

nach den Fragen?
Jene physikalische Theorien waren insbesondere anfangs extrem schwer zu verstehen und wurden nur langsam hier und da an diesem oder jenem Punkt vereinfacht. Sie waren vielleicht oder gar wahrscheinlich unnötig schwierig, weil irgendein an sich gutwilliger Forscher mal einen zu komplizierten Weg eingeschlagen hat, wobei möglicherweise jetzt die Umstände nur noch schwer feststellbar sind.
Kann zum Beispiel über die Anfänge besagter Quantenelektrodynamik, welche sich Maxwellsche Theorie nennen, in diesem Zusammenhang etwas Philosophisches gesagt werden? Mit mathematischen Gleichungen für Divergenzen und Rotationen, die beide sowohl zeitliche wie auch räumliche Komponenten haben, wurden sogenannte Felder beschrieben. Die Divergenzen brauchen aber notwendigerweise nur eine zeitliche Komponente, ggf. auch Generationen oder Quantenzahlen, während Rotationen im Prinzip rein räumlich dahin vegetieren können. Ganz stimmt das jedoch nicht, denn die dabei verwendeten sogenannten Differentialgleichungen verwenden eine Kopplung von Raum und Zeit. Die Angelegenheit wird deutlicher, wenn wir uns klarmachen, dass damit ein rekursives Verfahren gemeint ist. Rotationen sorgen also für Ausbreitung im räumlichen Nahbereich. Dieser ist vor allem durch die im

Vergleich zu übergeordneten Strömungen vorherrschende eigene Wechselwirkung, aber gegebenenfalls auch von irgendwelchen irgendwie etablierten Grenzen bestimmt. Durch die Theorie der Fraktale wurde bereits nahegelegt, diesen Teil im Gegensatz zu allgemeiner Entwicklung und in Übereinstimmung mit dem ökonomischen Sprachgebrauch Wachstum zu nennen. Divergenzen beschreiben dagegen Entstehen und Vergehen oder Schöpfungen und Apokalypsen und ähnliche Pärchen in einem zeitlichen Nahbereich, den wir nur als Singularitäten wahrnehmen können. Die erwähnten Felder in der Maxwellschen Theorie „riechen" nach Fraktalen und dürften Ontologen gefallen, während entsprechend der Acker der Gravitation mit Logik gedüngt wird, was Newton mit feiner Nase gerochen hat, wovon auch dessen Schnuppern von Äther in der Chose zeugt. Dieses animalische Verhalten gefällt natürlich einem Raben, der entgegen allen von peer review kanalisierten Strömungen weiterhin zu spüren glaubt, dass der alte Newton in einem gewissen Sinn zumindest immer noch und in künftiger Anerkennung noch viel mehr auch in diesem Punkt ziemlich Recht hat.

Ein großer Meister der Naturwissenschaften einbeziehenden, aber auch andere Bereiche sehenden Spekulation war neben Asimov und Stanislav Lew der leider immer noch nicht genügend berühmte Jules Verne. Für diese

Leute wurden nie geeignete Institutionen errichtet, wo sie unterrichten konnten, wie man(n) und frau Institutionen zu lebendigen Wesen erweitern können, wo also nicht nur rational beobachtet und gedacht, sondern auch sensibel gefühlt und Lebensenergie gepumpt, wo auch gevögelt und vitale Machtspiele veranstaltet und wo lustvoll gearbeitet und mit erneuerbarer Energie durch die Welt zu fliegen gelehrt werden. Das könnte wohlgemerkt in nur in niedriger Höhe sein, so dass wenigstens die Erdoberfläche im Detail gut wahrgenommen und durchdacht, gefühlt und geliebt werden kann, auch wenn die Zeiss-Optiken in den sauteuren Raumstationen noch so gut abzubilden vermögen. Denn so wird dann allen bewusst, dass es um jene gering geschätzte Rekursion geht, welche das Leben zu dem beschriebenen schönen Tanz macht, und zwar sogar auch für unsere nahen und liebenswerten Verwandten, die Tiere. Raab raab mag ein Rabe krächzen und nicht nur insgeheim meinen, dass er genau weiß, dass der energieschonende und fast lautlose Vogelflug von den Menschen immer noch nicht realisiert ist. Fehlt es nur an der imaginären Komponente, der Spekulation? Oder gibt es nur die grausame Lösung, die Darwinsche Selektion, mit welcher sich, wie man heute weiß, die Dinosaurier zu Vögeln entwickelt haben?

Kranke Gesellschaft

Bedeutsame Krankheiten wie zum Beispiel Krebs haben nach neuerer Erkenntnis zumeist einen doppelten Grund, etwa sowohl Viren als auch Chemikalien oder sowohl Strahlung als auch psychische Belastung. Unsere heutigen Gesellschaftsformen leiden ganz offensichtlich auch zunehmend unter schweren Krankheitsformen, welche immer noch die Mehrzahl der Beobachter vor erhebliche Rätsel zu stellen scheinen. Gilt hier in entsprechender Form, dass die eigentlichen Ursachen nur schwer identifiziert und vollend kuriert werden können? Sorry für die erneute vielleicht unbequeme Fragestellung auch an den momentanen Leser dieser Zeilen!

Fangen wir damit an, ganz einfach verschiedene infrage kommende Ursachen „für kranke Gesellschaften" zusammen zu stellen. Die zunehmende Überbevölkerung und die damit zusammenhängende immer größere schweigende Mehrheit würden sich dafür verantwortlich machen lassen. Ebenso werden die zunehmende Bürokratisierung und die immer mehr mehr von der Durchschnittsbevölkerung abgehobenen Regierenden für schuldig erklärt. Wieder Andere beklagen den Zerfall überbrachter Moral und Ethik, verweisen auf Doppel- und Hypermoral und pochen auf eine stärker rational gesteuerte Ethik. Manche fordern mehr Transparenz und Whistleblowing, während im Gegenzug eine Stärkung der staatlichen Strukturen und Festigung der bestehenden Demokratien verlangt werden.

Nomadenleben macht Sinn

Nomaden leben oft unter schwierigen Verhältnissen, wo es ihnen sogar an Wasser fehlt. Der Mensch besteht aber zum größten Teil aus Wasser, so dass dahinter vielleicht die tiefe Skepsis steht, mit welcher weite Teile der Bevölkerung ihre persönliche Abstandnahme von dieser Lebensart kundtun. Dabei lieben aber die Nomaden mindestens ebenso wie andere Menschen das Leben und nehmen die vielleicht damit verbundenen Nachteile durchaus auf sich. So what?

Wenn der Mensch wirklich weitgehend aus Wasser besteht, sollte ein Vergleich zwischen ihm und dem Wasser nicht sinnlos sein. Doch die Suche nach solchen Suchern scheint ziemlich vergeblich zu sein. Dahinter steckt gewiss teilweise die weitverbreitete Ansicht, dass das Forschen in der Natur und geistige Suche zwei grundverschiedene Dinge sind, was deshalb "nichts bringt".

Nomaden werden oft als schräge Vögel angesehen, die nichts Anderes als Vögeln im Sinn haben. Das ist zwar wenigstens im Prinzip eine genauso lebenserhaltende Tätigkeit wie alles Essen und Schlafen. Jedoch wird bei ihnen auffällig häufig angenommen, dass beides nur streng limitiert und nicht nach eigenem vielleicht unter deren Bedingungen ganz anderem Ermessen zu erfolgen habe. Ist es möglicherweise sinnvoll, auch in solcher Hinsicht die Ansichten von Naturforschern und von geistigen Suchern miteinander zu kontrastieren und zu schauen, ob sich dort nicht auch der berühmte Weg der Mitte finden lässt, welcher beide vereinen und zu höherem Glück bringen könnte? Was unter Glück dabei zu verstehen wäre, darf ruhig auch hinterfragt werden. Fragen soll doch menschlich sein.

Ein Physiker wird zum Beispiel nach der Physik des Rabenlebens fragen, genauso wie Chemiker und Biologen entsprechende Fragen stellen können. Die Physik des Rabenlebens teilt sich nach der einseitigen Meinung von logischen Menschen in die Physik von Raben und die Physik des Lebens auf. Die Physik des Raben ist höchst erstaunlich, weil sie nicht nur bessere Flugfähigkeit als Boing oder Airbus entwickelt haben, bessere Allesfresser als Gourmets und Fastfood-Esser sind, und außerdem bessere Kopfcomputer als selbst viele andere Vögel haben, was leider zur Folge mit sich bringt, dass wenn einige Rabenarten sogar die Fähigkeit zu sprechen haben, diese für 3000 Dollar in die USA verkauft werden.

Noch viel wichtiger mag die Physik des Lebens selbst sein, welche viele offensichtlich für nebensächlich neben der entsprechenden

Chemie und Biologie halten. Da der Mensch weitgehend aus Wasser besteht, dürfte zunächst ein einfacher Vergleich mit der allerdings im Grunde nicht ganz einfachen Physik des Wasser sinnvoll sein. Aber Vereinfachung auf die Fahne zu schreiben ist sicher nicht so kriminell wie andere zur Zeit übliche Hetzsprüche, und es gibt zunehmend Fans von Mini-Kultur,- you know minimal art, nminimal music, minimal clothings?

Sorry für die Abschweifung, jetzt wird doziert (puuh?). Wasser hat drei sogenannte Phasen, in welchen es bekanntlich existieren kann: fest, flüssig und dampfförmig. Diese haben in ihrer Erscheinung fantasievolle Bezeichnungen wie etwa Eis, Meer und Wolken. Können Menschen etwa auch in diesen drei Phasen existieren? Ooh ja, allerdings unter weniger fantasievollen Bezeichnungen,- Diktatur, Demokratie und Nomadentum. Sowohl beim Wasser als auch bei den Menschen unterscheiden sich die drei Zustände durch die Energie, welche einzelne Elemente im Moment haben und welche laut statistischer Theorie eben statistisch verteilt sind. Ganzheitlich wird dagegen von einem unbeweglichen fundamentalistischen Vater, einem begrenzt in seiner aktuellen Umgebung beweglichen Sohn und von alles durchdringendem heiligen Geist gesprochen. Die buddhistisch angehauchten Menschen, welche übrigens absolut nicht mit DEN Buddhisten identisch sein müssen, und zu

welchen Leser wie diejenigen des vorliegenden Textes gehören *könnten*, haben oft erhebliche Schwierigkeiten, dazwischen einen Mittleren Weg zu finden, und sie verzweifeln oft schneller als Judas. So what, again!
Bleiben wir an diesem Punkt noch ein wenig beim Wasser, welches ein so wundersames Ding ist. Wundersam warum,- läuft dieses etwa auf eine praktisch fundamentalistische religiöse Grundsatzerklärung hinaus? Hinterfragen ist durchaus erlaubt, und selbst ein scheinbar arroganter Pseudo-Rabe empfiehlt diese Tätigkeit sogar dem Papst oder Diktatoren, obwohl es sich der Aussichtslosigkeit dieses Bemühens voll im Klaren ist. Sind Phänomene, die wir wundersam nennen, etwa solche, die sich hinter den Gardinen von Logik und Ganzheitlichkeit abspielen? Und wenn es so wäre, könnten wir uns dann einfach entscheiden, entweder die Gardinen zu öffnen oder sie als persönlichen Intimbereich zu akzeptieren? Steht dahinter das diffuse Bewusstsein unserer eigenen fehlenden Perfektion? Unser Hirn ist nicht so gut wie dasjenige von einem Supercomputer, unsere Augen, Ohren und Nasen schneiden schlecht im Vergleich zu neueren technischen Geräten ab? Aber noch viel schlimmer scheinen unsere emotionalen Unfähigkeiten und unsere eigene mäßige energetische Leistungsfähigkeit zu sein. Und so schlimm,

dass sie überhaupt nicht an die Öffentlichkeit gebracht werden können, sind unsere Sexualität und die Geheimnisse der Macht? Bleiben zu guter letzt noch die plötzlich öffentlich zutage tretenden Probleme der freien Arbeitswahl und der freien Fortbewegung vor allem im Gefahrenfall auf unserer Erde. Soll das wie Eis gehandhabt oder in einen Fluss kanalisiert oder scheinbar ungesteuert wie beim Wasserdampf vor sich gehen? Ist die einzige Wahl, die wir haben, diejenige zwischen Diktatur, Demokratie oder Anarchie?

Fazit

Alle drei Möglichkeiten haben allem Anschein nach evidente Schwachpunkte. Noch keine Diktatur hat zu einem sogenannten guten Ende geführt, was auch immer das sei. Jede Demokratie überfordert ihre Wähler und kämpft vergeblich mit dem traurigen Spektakel, welches schweigende Mehrheiten bieten. Keine Anarchie hat je zu einem neuen Paradies geführt, sondern meistens nur zu dem, was in falschem Verständnis des Wortes Chaos genannt wird, weil nämlich Chaos in modernem Verständnis der wertfreie Gegenpol von Ordnung ist.

Fällt dem hoffentlich nicht schon gelangweilten Leser hier ein vielleicht wichtiges Wort auf, welches ihm der Pseudo-Rabe bei seiner nicht nur intellektuellen Balz als Leckerbissen entgegen bringt? Was ist denn nun wirklich und endlich und überhaupt jenes ominöse moderne Verständnis? Aus welcher Zaubertüte soll das hier und sofort die Lösung von Allem und Jedem bringen? Dieser letzte Satz macht den Raben zutiefst traurig. Einerseits zeigt es ihm, dass all die Texte, die er bisher geschrieben hat und in welchen er meint, das durchaus bereits formuliert zu haben, kaum von jemandem ausreichend genau gelesen worden sind. Das wird aller Wahrscheinlichkeit an seiner eigenen fehlenden Vollkommenheit liegen, also an mangelhaften Schreib- und Verbreitungsfähigkeiten. Andererseits geht es aber vor allem um die absolutistischen und restlos unakzeptablen Formulierungen,- nochmal sei der verdammenswerte Satz genannt, bevor er zerrupft und verdammt wird,- nämlich aus welcher Zaubertüte soll das hier und sofort die Lösung von Allem und Jedem bringen? Weder geht es um eine Zaubertüte noch soll das hier und sofort vor sich gehen noch soll es weder die Lösung oder etwa gar von Allem und Jedem bringen. Bescheidenheit ist gewiss gefordert, doch vor allem geht es um die Anerkennung des Mittleren Wegs als aus dem Nahbereich erwachsene Methode ohne Verzerrung durch fundamentalistische Einflüsse. Was ist denn aber nun fundamentalistisch? Ganz einfach sind das alle absolut nicht modernen vorgefassten Glaubensüberzeugungen, wozu gleichermaßen der Glaube an das Gute, an die Wahrheit, an das Echte und an die Ordnung sowie ebenso an deren Gegenteile gehören. Die moderne Methode heißt Meditation, was nicht etwa wiederum die Zugehörigkeit zu einer Glaubensorientierung beinhaltet. Jeder kann, darf und soll das in seinem eigenen Nahbereich tun, ganz egal wo und wann und unter welchen Umständen. Bleibt „nur noch" die Frage, wie das unter Berücksichtigung des imaginären Anteils realisiert werden kann. An dieser Stelle lässt sich wirklich eine Zaubertüte öffnen. Das sind nämlich die kleinen Kinder, welche in diesem Sinne erzogen werden dürfen, können, sollen. Die Zutaten? Das möglichst zuckerfreie Eis ist zum Schlecken da, flüssig werden sie durch gute, etwa durch Schüleraustausch vermittelte Fremdsprachen- und auch andere Kenntnisse der Natur und Kultur, Dampf bekommen sie durch ihre Aktivitäten bei genügender Energie, so dass sie als gewiss nicht verächtlich als Nomaden bezeichnet für ihre jeweilige Gemeinschaft Informationen verbreiten und sammeln können, beides zum Wohl ihrer jeweiligen Gruppe, zu welcher sie weiterhin gehören als moderne Civis in einer modernen Zivilisation.

Textverweise

Wikipedia folgt zwar derzeit nur sehr rudimentär den Maßgaben des wissenschaftlichen Arbeitens und die Artikelqualität variiert stark, weswegen es als wissenschaftliche Quelle oft ausscheidet. Andererseits stehen in jüngerer Zeit weite akademische Kreise

Wikipedia als Wissensquelle positiv gegenüber, weswegen hier auch dennoch häufig darauf verwiesen wird..

(1) Dualismus – Wikipedia, Duality – Wikipedia (engl.)
(2) Paradigma - Wikipedia
(3) Konfliktforschung - Wikipedia
(4) Hans J. Unsoeld, Asiatische Nächte (Ebook 2015)
(5) Steven Pinker, Gewalt – Geschichte der Menschheit (2011)
(6) Assads Folterregime – SPIEGEL 16.12.2015
(7) Thomas Piketty, Kapital im 21. Jhdt. (2013)
(8) Michael Hanlon, The golden quarter
https://aeon.co/essays/has-progress-in-science-and-technology-come-to-a-halt
(9) Nomothetisch vs. Ideographische Forschung - Wikipedia
(10) W.Windelband, Geschichte und Naturwissenschaft
    Heidelberger Akad. der Wissenschaften, Philos.-Hist. Klasse; Jg. 1910, Abh. 14
(11) Karl Marx, Das Elend der Philosophie
(12) Hans J. Unsoeld, Übliche Grenzüberschreitungen
(13) Philosophie_der_Gegenwart - Wikipedia
(14) Humanities – Wikipedia (engl.)
(15) Emotion_in_animals – Wikipedia (engl.)
(16) H. Huber, Geschichte des Kreationismus in den USA
(17) Thomas R. Flynn, Existentialismus (Turia u. Kant, 2008)
(18) Diktatur erträglicher als Anarchie? - SPIEGEL 29.09.2014
(19) Zwei Kulturen? -FAZ 02.12.2008
(20) Heuristik - Wikipedia
(21) Bernd-Olaf Küppers, Einheit der Wirklichkeit

(München 2000)
(22)   DNA-Unterschied – ESEB 28.12.2012
(23)   Werner Bohleber, Traumatische Kriegserfahrungen (2014)
(24)   David Livingstone Smith, Less than human, npr 29.03.2011
(25)   Riding the Waves of Culture
(26)   Gratwanderungen: H.J.Unsoeld „Jenseits von Wo und Wann"
(27)   Dualismus (Ontologie) – Wikipedia
(28)   Philosophie des Geistes - Wikipedia
(29)   Materialismus vs. Idealismus – Wikipedia
(30)   fuzzy logics (definiert Spektrum von Möglichkeiten)
(31)   L.A.Zadeh, Generalized theory of uncertainty (2006)
(32)   Golden mean – Wikipedia
(33)   Friedrich Engels, Dialektik der Natur (1885)
(34)   Dynamics (The Basics) in: Physics for Idiots)
(35)   Entwicklung (Definition u. Begriffsklärung) – Wikipedia
(36)   Metaphilosophy – Wikipedis (engl.)
(37)   Lefèbvre, Henri, Metaphilosophie – Prolegomena
(38)   Honerkamp, Über Grenzen des Erfahrungsbereichs
(39)   Hans J. Unsoeld, Übliche Grenzüberschreitungen
(40)   Einstein, Albert, Zitate in „Brainy Quote"
(41)   Hans J. Unsoeld, Jenseits von Wo und Wann
(42)   G.M.Weinberg, The Simplification of Sciences
(43)   The Soul of Science (Quanta Magazine 2015)
(44)   Rekursion (Wikipedia)

(45) Fractal (engl.) - Wikipedia
(46) Club of Rome, siehe: Lexikon der Nachhaltigkeit
(47) Zellkontakthemmung - Wikipedia
(48) Singularität <Systemtheorie>, (Wikipedia)
(49) Mathematische Strukturen (Wikipedia)
(50) The Distribution of Fitness Effects, Genetics 2006
(51) Was ist Kultur? cultureforcompetence.com
(52) Lexikon der Nachhaltigkeit, Club of Rome, R.Whitehead
(53) Politische Karte Europas – Youtube-Animation 2014
(54) Nachhaltige Energie für Entwicklung, BMZ 2010
(55) Energiespeicherung, Energie-Lexikon.info, R. Paschotta
(56) E. Behrends, Was ist Mathematik?
(57) Lineare Algebra - Wikipedia
(58) Raumzeitsingularitäten – Einstein Online, C. Uggla 2006
(59) Mandelbrot dreidimensional, Spektrum.de, C.Pöppe 2010
(60) Dissipation – Wikipedia
(61) Maxwell-Gleichungen - Wikipedia
(62) Fundamentale Wechselwirkung – Wikipedia
(63) Was bedeutet $E=mc^2$? J.Honerkamp, scilogs.de 2011
(64) Standardmodell – DESY Hamburg – weltmaschine.de
(65) Suprafluidität – Wikipedia
(66) Schwarze Löcher – Spiegel 08.04.2015
(67) Mathematische Struktur – Wikipedia
(68) Struktur der Quantenmechanik – Wikipedia
(69) Holismus – Lexikon der Gestalttherapie 2/2007

(70)   Quantenelektrodynamik – Einstein-Online.info
(71)   Riemann sphere – Wikipedia (engl.)
(72)   Einstein's Quest for a Unified Theory - Discovermagazine
(73)   Musterbildung - Wikipedia
(74)   Entstehung von endlichen Automaten – TU Berlin 1999
(75)   Leiter (Physik) – Wikipedia
(76)   Ganzheitlichkeit (Pädagogik) – Wikipedia
(77)   Zahlbereiche, siehe: Zahl – Wikipedia
(78)   Defektelektron – Wikipedia
(79)   Physik-Nobelpreis 2011 – Unendliche Welten (Worldpress)
(80)   Äther (Physik) – Wikipedia
(81)   Paradigmenwechsel – Wikipedia
(82)   Hominisation – Wikipedia
(83)   Querschnitte – Hans .J. Unsoeld – Ebook
(84)   Definition (rekursive Definitionen) – Wikipedia
(85)   Wissenschaftstheorie, R. Westermann (2000)
(86)   Sophies Welt – Kant, Williz Blog 2008
(87)   Messbarkeit - Wikipedia
(88)   Kategorischer Imperativ – Wikipedia
(89)   Development of Absolute Idealism – Fichte, Hegel et al.
(90)   Wahlforschung - Wikipedia
(91)   Strukturen der . . Kompetenz, S. Huber, Nomos 2012
(92)   Bildgebende Verfahren – J. Foell, dasgehirn.info 2016
(93) Quadratur des Kreises - Wikipedia

© **Copyright** and all rights reserved by Hans J. Unsoeld, Berlin 2016/2017

Impressum

Hans J. Unsoeld
Zobeltitzstr. 117, 13403 Berlin (Germany)
h.j.unsoeld(a)gmail.com
www.ARS-UNA.net
Tel. 00 4930 9210 4074

Herstellung und Verlag:
BoD - Books on Demand, Norderstedt
ISBN 978-3-7431-6400-0

MIX
Papier aus verantwortungsvollen Quellen
Paper from responsible sources
FSC® C105338